सपनों से मंज़िल तक

सौरभी शाही

Copyright © Saurabhi Shahi
All Rights Reserved.

ISBN 979-888546553-3

|| श्री गणेशाय नमः ||

ये बुक हर उस व्यक्ति को समर्पित है जो सपने देखता है और उनको पूरा करने में विश्वास रखता है। लोग बड़े-बड़े सपने तो देख लेते है पर ये नहीं जानते कि सपने सच कैसे होते है।

ये बुक हर उस व्यक्ति को समर्पित है जिसकी आँखों में सपने बस्ते है और उनके अंदर उन सपनों को पूरा करने का जुनून है।

वो बड़े सपने देखता है और जानना चाहता है, सपनों को पूरा करने का फार्मूला क्या है? या फिर, जिसे लगता है कि सफलता सिर्फ़ अमीर लोगों की किस्मत में है या किस्मत वाले लोग ही धनवान या सफल होते है।

अगर आपका सपना है, कम उम्र में ही दुनिया घूमने का, या फिर एक सी फेसिंग बंगला खरीदने का या जिंदगी में सुख से जीने का , तो ये किताब आप जैसे लोगो को समर्पित है।

ऐसा सुख, जिसे चाहिए, ऐसे सभी लोगो को ये समर्पित है।

ये हर उस व्यक्ति को समर्पित है, जिसके पास सपने है पर पूरे करने का रास्ता उनको मालूम नहीं और जो जानना चाहता है उसके जीवन का उद्देश्य क्या है?

कैसे उस बिंदु तक पहुँचे जहाँ वह स्वयं को गौरांवित महसूस करे , दुनिया में अपनी एक छप छोड़ सके, अपना नाम कमा सके और अपने परिवार का नाम रोशन कर सके ।

मेरी ये बुक हर उस व्यक्ति को समर्पित है, जिसे पता है कि हर एक सपना सच हो सकता है अगर उनके अंदर उन सपनों को पाने का एक

जुनून है । सपनों की कोई उम्र नहीं होती, उनके पास सिर्फ पंख होते है, उड़ान भरने के लिए।

ये किताब उन हर एक चमकती हुई आंखों को समर्पित है जो सपने देखती है और उनको पूरा करने में विश्वास रखती है।

इस ब्रह्माण्ड में एक पावर है जिसे हर सपना पूरा करने वाले लोग जानते है पर बांटते नहीं। मेरा उद्देश सिर्फ मेरा खुद का सपना पूरा करने का नही है। मेरा सपना सबके सपनों को पूरा करना है।

ये किताब हर किसी को समर्पित है, जो सपने देख रहा है और आकाश में उड़ने का खयाल रखता है।

अब देर कहे की, अपने पंखों को खोले और उड़ान भरने को तयार हो जाए।

चलिए शुरू करते है, सपनों के इस सुंदर सफ़र को, सपनों से मंजिल तक।

सौरभी शाही

क्रम-सूची

क्रम-सूची

प्रस्तावना

असली सफलता उस काम में अपना जीवन कार्य ढूंढ़ना है जिससे आप प्यार करते हैं।" — डेविड मैकुलॉ

एक सरल, संयमित और अनुशासित लड़की से एक प्रेरक लेखक तक, सौरभी की यात्रा अविश्वसनीय रही है। मैंने उसे उसके जीवन के विभिन्न चरणों में विकसित होते देखा है। कॉर्पोरेट नौकरी से लेकर शिक्षण तक और फिर एक प्रेरक लेखक के रूप में विकसित होने तक, सौरभी की यात्रा साहस, धीरज और बाधाओं के बावजूद हमेशा आगे बढ़ने की यात्रा रही है।

यह पुस्तक अपने पाठकों को सपने देखने के लिए प्रेरित करती है, सरल लेकिन प्रभावी शब्दों में बताती है कि किसी के जीवन में आगे बढ़ने के लिए सपने कैसे महत्वपूर्ण हैं। जैसा कि हम सभी अच्छी तरह से जानते हैं, एक ठोस कार्य योजना के बिना एक सपना बेकार है, यह पुस्तक सपनों को प्राप्त करने के लिए एक रोडमैप बनाने के बारे में कुछ बहुत ही व्यावहारिक तरीके प्रदान करती है। पुस्तक विश्वास और सकारात्मक सोच की शक्ति में भी गहराई से खोज करती है। पाठकों को कुछ मनोरम उदाहरणों के साथ प्रस्तुत किया जाता है, जिसमें बताया गया है कि कैसे एक सकारात्मक विश्वास प्रणाली कुछ बहुत ही कठिन और असंभव प्रतीत होने वाले कार्यों को मापती है।

यह पुस्तक हमें छोटे-छोटे उदाहरणों के माध्यम से दूसरों के दृष्टिकोण को देखने के लिए प्रेरित करती है। अलग-अलग व्यक्तियों के लिए समय, स्थिति और पैरामीटर कैसे भिन्न होते हैं। जो अंततः उनके प्रति दृष्टिकोण को आकार देता है। यह हमें एक-दूसरे के प्रति गैर-निर्णयात्मक होना सिखाता है। हमें किसी को जज नहीं करना चाहिए क्योंकि उनके सपने हमसे अलग होते हैं।

पुस्तक का मुख्य विषय खुशी के इर्द-गिर्द घूमता है, एक पूरा खंड खुशी की विभिन्न बारीकियों को समझाने के लिए समर्पित है और कैसे हर कोई जीवन में खुशी की तलाश करता है लेकिन झूठे लक्ष्यों के पीछे भटकता है जो अंततः उन्हें दुखी और दुखी करता है। पाठकों को इस बारे में सोचने के लिए चुनौती दी जाएगी कि वास्तव में उन्हें क्या खुशी मिलती है और चिंतन करें कि क्या यह वास्तव में उन सतही लक्ष्यों का पीछा करने के लायक है जिन पर वे अपना पूरा जीवन व्यतीत करते हैं। मैं सौरभी को उनके अनुभवों के उत्कृष्ट समावेश के लिए शुभकामनाएं देती हूं और कामना करती हूं कि लाखों लोग उसके काम से प्रेरित हों।

शुभकामनाएं।

प्रज्ञा प्रसून सिंह,

नारी शक्ति पुरस्कार

प्रज्ञा, एक भारतीय कार्यकर्ता हैं जो एक एसिड अटैक सर्वाइवर हैं और उन्होंने अतिजीवन फाउंडेशन की स्थापना की है। संगठन ने 250 से अधिक अन्य एसिड सर्वाइवर्स का समर्थन किया है और 2019 में उन्हें उनके काम की मान्यता के लिए भारत सरकार द्वारा नारी शक्ति पुरस्कार से सम्मानित किया गया था। वह साहस की मिसाल हैं और सभी के लिए प्रेरणा स्रोत हैं। इसके बावजूद प्रज्ञा ने कभी सपने देखना बंद नहीं किया और अपने सभी सपनों को साकार किया है। वह इस देश में कई लोगों के लिए आशा और साहस का प्रतीक बनीं।

❧

सपने, हम में से प्रत्येक के पास है। आप कहें या न कहें, हम सबके अंदर बड़े-बड़े सपने छिपे होते हैं और इच्छाओं के साथ भी ऐसा ही होता है। क्या आपने कभी सोचा है कि क्यों कुछ लोग बड़े सपने देखते हैं और उन्हें

सच करने की इच्छा रखते हैं और यह सच हो जाता है जबकि कुछ अन्य सिर्फ सपने देखते हैं और इच्छा करते हैं , लेकिन यह उनके दिमाग में एक विचार के रूप में रहता है और कुछ नहीं।

यह पुस्तक आपको एक अंतर्दृष्टि देने जा रही है कि कैसे सपने और इच्छाएं किसी व्यक्ति को वांछित गंतव्य तक पहुंचाती हैं यानी वह लक्ष्य, जिसे व्यक्ति जीवन में प्राप्त करना चाहता है।

मैं वास्तव में सौरभी के लिए यह प्रस्तावना लिखने के लिए सम्मानित महसूस कर रही हूं क्योंकि मुझे पता है कि वह आपकी मंजिल तक पहुंचने में आपकी मदद करने जा रही है।

मुझे इस किताब की कहानियों में इस्तेमाल की गई सादृश्यता और रूपक पसंद आए। यह आपको कहानियों से गहराई से जोड़ता है और यह आपके लिए एक बहुत अच्छी समझ की छाप छोड़ता है। सौरभी ने इस समझ को और अधिक प्रभावशाली बनाने के लिए सरल भाषा का उपयोग किया है। संक्षेप में यह पुस्तक सभी उपयुक्त सामग्री के साथ सफलता का नुस्खा है।

मुझे आशा है कि इस एक सरल लेकिन प्रभावशाली संस्करण में आपको अपने गंतव्य तक पहुंचने के लिए आवश्यक ज्ञान मिलेगा।

अपने सपनों को मत छोड़ो, उस पर काम करो और सफलता को शोर मचाने दो।

डॉ . शांति रॉय

पद्म श्री अवार्ड 2020

(चिकित्सा)

डॉ शांति रॉय बिहार की एक भारतीय स्त्री रोग विशेषज्ञ हैं। उन्हें 2020 में पद्म श्री पुरस्कार से सम्मानित किया गया था। वह पिछले पांच दशकों से सेवा कर रही हैं, उस समय बहुत कम महिलाएं चिकित्सा क्षेत्र में थीं। वह अपने क्षेत्र की कई चिकित्सा पुस्तकों की लेखिका भी हैं। वह युवा पीढ़ी के लिए आशा और साहस का एक बड़ा स्रोत हैं। अपने समय में उन्होंने पितृसत्तात्मक व्यवस्था को हराया है और समाज में व्याप्त सभी बाधाओं के खिलाफ अपने सपनों को पूरा करने के लिए चिकित्सा का अध्ययन किया है।

पावती (स्वीकृति)

यह बुक मेरे लिए आभार व्यक्त करने का एक सुनेहरा मौका है, जो लोग मेरी इस ज़िन्दगी में किसी न किसी तरह शामिल है, आज मैं उन सबको धन्यवाद देना चाहती हूँ।

सबसे पहले मैं अपने ईस्ट देव भगवान शिव को आभार देने से शुरू करूंगी। मैं शिव शंकर भोले नाथ जी की आभारी ह जिनके कारण मुझे यह ज्ञान और शक्ति प्राप्त हुई की मैं एक किताब लिख सकूं।

"गुरु गोविन्द दोऊ खड़े, काके लागूं पांय ।

बलिहारी गुरु आपने गोविन्द दियो बताय॥"

इस श्लोक के साथ मैं अपने माता- पिता का आभार प्रखट करूंगी आज इस दुनिया में मैं उन दिनों के कारण हु। वो दोनो मेरे पहले गुरु है। मेरे पिता ने मुझे हमेशा प्रोत्साहित किया और मेरी मां ने मुझे कभी रुकने नहीं दिया। जब मैं मां बनी और मां बनने के बाद मैंने ब्रेक लिए तो भी मेरी मां ने मुझे हमेशा कुछ न कुछ करते रहने की प्रेरणा दी। आज ये उसी कभी ना रूकनेवाले उस जुनून का नतीजा है कि मैं एक लेखिका के रूप मे विकसित हो पाई हु। पढ़ाई तो मैने लॉ के क्षेत्र की थी और कुछ समय वकालत भी किया , फिर अपनी बिटिया "अहाना " को संभालने और उसकी सही देखभाल करने के लिए मैंने अपने आप को शिक्षिका के रूप में कार्यान्वित किया, उसी दौरान मेरा एक्सीडेंट हुआ और मुझे पैर में चोट लगने के कारण, मैं चलने में असक्षम हो गई। मुझे फिर से ठीक तरीके से चल पाने में दो साल का वक्त लगा। शायद, वो एक्सीडेंट नही होता, तो आज मैं लिख नहीं रही होती। मैं अपनी जिंदगी में होने वाली हर एक अच्छी और बुरी घटनाओं के लिए आभारी हु,क्युकी आज अगर मैं मुड़ कर देखती हु तो मुझे समझ आता है अगर ये घटनाएं नहीं हुई होती तो मैं एक लखिका के रूप में विकसित न हुई होती।

मैं उन सभी लोगो की आभारी हु, जिन्होंने मेरी मदद की है और मेरी पीठ ठोकते हुए आगे बढ़ते रहने की प्रेरणा दी। मैं उन लोगो को भी धन्यवाद देती हु, जिन्होंने मुझे परेशान किया और आगे बढ़ने से

रोका, मुझपर अघात किया और शायद आज उन करणो के कारण मैं और मजबूत बन सकी। मैं उन सब प्रेशर को धन्यवाद देती हु, जिसके कारण मैं ट्रांसफॉर्म हो पाई। सब को मालूम है, एक हीरा और कुछ नही बस कार्बन का एक टुकड़ा है, जो सालो के प्रेशर में है और उस प्रेशर के कारण ही हीरा में तब्दील हुआ है।

मैं धन्यवाद करना चाहूंगी अपने बुक कोच "स्वेता समोटा" का जिन्होंने मुझे लेखन के क्षेत्र में होने वाली सभी छोटी और बड़ी बातो से अवगत करवाया। मैं तहे दिल से उनका धन्यवाद और आभार प्रकट करती हूँ ।

मैं अपने पूरे दिल से" सिद्धार्थ शाह जी "को आभार देती हु, जो मेरे मेंटर है और उनके कारण मैने जिंदगी जीने का सही तरीका सीखा और अभी भी सीख रही हु।

अपने पति "अस्मित" और बेटी "अहाना" की मैं तहे दिल से आभारी हु, जिन्होंने मुझे अपना कोऑपरेशन दिया, जिस कारण, मैं इस किताब को लिखने में सक्षम हो पाई।

मैं, अपने सभी दोस्तो और पूरे परिवार को तहे दिल से आभार व्यक्त करती हूँ, जिन्होंने मुझे आत्मबल, आत्मविश्वास और हमेशा आगे बढ़ते रहने की प्रेरणा दी।

मैं प्रज्ञा प्रसून सिंह और डा. शांति राय को बार-बार धन्यवाद देती हु जिन्होंने मुझ पर विश्वास किया।

मैं, आप सभी लोग जिन्होने ये किताब खरीदी / पढ़ी है , उनको तहे दिल से आभार देती हु और आशा करती हूं , इस बुक से आप खुद अपने सपनों को पूरा करेंगे और करने के साथ - साथ दूसरो को भी इस किताब को पढ़ने के लिए प्रोत्साहित करेंगे।

सभी लोगो को मेरा बहुत- बहुत आभार,
सौरभी शाही।

1
परिचय

सपनों की कोई उम्र नहीं होती, बस उनके पास उड़ने के लिए पंख होते हैं। कोई, किसी से, यह कहने की हिम्मत नहीं कर सकता कि सपनों की उम्र होती है। तुम बूढ़े हो, इसलिए सपने देखना बंद करो। यह पूरी तरह से उम्र के बेड़ियों से मुक्त है, आप अपने पास मौजूद प्रतिभा से मंच पर आग लगा सकते हैं। दर्शक की नजर उम्र को नहीं बल्कि हुनर को देखती है।

यह कहा गया है, उम्र सिर्फ एक अंक है, और कुछ नहीं। अगर उम्र का वास्तव में आपके सपनों, जुनून और उपलब्धियों से कोई लेना-देना होता, तो आज हम जो भी सपने देखने वाले लोग हैं, उन्हें हम हमेशा युवा देखते, बूढ़ा नहीं , पर ऐसा नही है । सपने सब देखते है और सफल भी होते है। आज इस टेक्नोलॉजी के युग में ना जाने कितने बच्चो ने अपने दादा- दादी एवं नाना -नानी की मदद कर के, उनके सपनों को उड़ान दी है। ऐसी एक कहानी चंडीगढ़ की बर्फी वाली दादी की है , दादी का असली नाम हरभजन कौर है। वह चंडीगढ़ की रहने वाली है । वो 94 वर्षीय है और चार साल पहले यानी 90 साल की उम्र में उन्होंने अपना बेसन की बर्फी का बिजनेस स्टार्ट किया था,(हरभजन कौर की बर्फी ऑनलाइन) जो आज एक ब्रैंड बन चुका है।

एक इंसान के लिए सपने देखना बहुत जरूरी है। बिना सपने का जीवन किसी काम का नहीं है। बिना किसी सपने का जीवन जानवरों के

जीवन के समान होता है, जिसमें वे बंदर और कौवे की तरह खाते, पीते, सोते और प्रजनन करते हैं। हम इंसानों के रूप में पैदा हुए हैं और हमें भगवान का शुक्रगुजार होना चाहिए कि हमारे पास जानवरों से अलग जीवन है।

एक व्यक्ति का सपना दूसरे व्यक्ति से अलग होता हैं। हो सकता है कि आपका सपना मुझे और मेरा सपना शायद आपको उत्साहित न करे। यह बिल्कुल सही है, क्योंकि मैं अपने सपनों को जीने के लिए जिम्मेदार हूं, आपके नहीं। महत्वपूर्ण यह है कि आपके सपने आपको उत्साहित करें। यह आपको इतना उत्साहित करने वाला होना चाहिए कि आप उन्हें प्राप्त करने के लिए अपनी कड़ी मेहनत में लगातार लगे रहें।

तो, क्या सपने लोगों को आंकते और परखते हैं? नहीं! हर्गिज नहीं। यह बोझ आप पे नही, इसके बजाय यह बोझ हमारे समाज के कंधों पर है। कोई फर्क नहीं पड़ता कि आप कितना अच्छा काम कर रहे हैं, आपको हमेशा आंका जाएगा। यदि आप अपने करियर में सफल हैं, तो आपके व्यक्तिगत जीवन पर सवाल उठाए जाएंगे और आपको आंका जाएगा और इसके विपरीत अगर आप व्यक्तिगत जीवन मे सफल है, तो आपके करियर को ले कर बाते होंगी। जमाना और समाज आपको आंकने से बाज नहीं आयेंगे।किसी को भी सिर्फ इसलिए नहीं आंकना चाहिए क्योंकि उनके सपने आपसे अलग हैं। सपने विभिन्न आकार, प्रवृति और पात्रों में आते हैं।

आपका सपना सिर्फ एक अच्छी गृहिणी बनने का सपना हो सकता है और एक अच्छी माँ बनने का, जो पूरे दिन अपने परिवार को अच्छा भोजन खिलाने और अच्छी तरह से मैनेज करने के साथ-साथ बच्चों का भी पूरा खयाल रखती हो और यही आपका सपना हो। एक उच्च पेशेवर डिग्री के बावजूद, आप इसी खुशी को अपना सपना मानती हो। दूसरी ओर, कोई महिला बिल्कुल इसके विपरित, एक गतिशील कॉर्पोरेट वरिष्ठ बनने का सपना देखती है, जो कॉर्पोरेट जगत की हर छोटी और बड़ी घटना को जानती और समझती है, लेकिन इस बात से पूरी तरह अनजान है कि उसके घर में क्या हो रहा है। हो सकता है कि उसे अपने बच्चे की पसंदीदा चीजों की जानकारी भी न हो। उसका घर का रख रखाव

भी ठीक से नहीं हों पा रहा हो, और घर हमेशा गंदगी में पड़ा रहता हो, दोनों ही मामलों में यह पूरी तरह से ठीक है। किसी भी व्यक्ति के द्वारा चुने गए विकल्पों के लिए उसे किसी के द्वारा आंका नही जाना चाहिए।

मुख्य बिंदु से जो बात सबसे ज्यादा मायने रखती है वह यह है कि आप अपने सपने को जी रहे हैं और इसे पूरा करने के बाद यह आपको खुशी देता है। कुछ लोगो के लिए, सपने भौतिक उपलब्धियों से जुड़े होते हैं, जैसे कि बड़ा बैंक बैलेंस, फैंसी कार आदि और कुछ के लिए यह सिर्फ एक मानसिक स्थिति है, न कि जीवन के पैसों के मामले।

सपने चलते रहने चाहिए, जिस क्षण आप एक को प्राप्त कर लेते हैं, आपको फिर दूसरे सपनो के बारे में सोचना शुरू करना चाहिए। यह आपको फिर से काम करने का एक कारण और जोश प्रदान करता है। यह बिल्कुल हो सकता है की वह सपने किसी अन्य दिशा में हो और कुछ नए विचारों के साथ हो। हर सपने का एक अलग तरीका होता है, जिसके द्वारा उसे पूरा किया जा सकता है। सपनों को पूरा करने के लिए एक व्यक्ति हर बार एक अलग रास्ता अपनाता है और ऐसा करते समय, ढेर सारी चीजों की खोज करता है। कभी-कभी कोई गलती से कुछ चीजों की खोज करता है और बाद में उन अनुभवों को जीवन भर संजोता है। जब हम सपने पूरे करने की राह पर चलते है, तो अपने अनुभवों से बहुत कुछ सीखते है। यह वही खोज होती है जो हमे बार बार गलती करने के बाद प्राप्त होती है और हमे अपने लक्ष्य के ओर धकेलती है।

यह भी जरूरी नहीं कि आपका हर सपना जल्दी से पूरा हो। कभी-कभी इसमें एक साल या उससे भी कम समय लगता है और कभी-कभी इसमें दशकों लग सकते है। सपने देखने वालों के जीवन में एक धावक और एक चेज़र (पकड़म पकड़ाई) का खेल चल रहा होता है। कई बार, आप अपने सपनों को पकड़ने के करीब होते हैं लेकिन यह आपके हाथ से फिसल जाता है। उस समय आपको निराशा अवश्य ही मिलती है लेकिन आप इसे पकड़ने के लिए नए तरीके खोजते हैं।

एडिसन ने बल्ब का आविष्कार करते हुए कहा था कि वह 1000 बार असफल हुए थे। इसलिए वह 1000 तरीके जानते हैं जो बल्ब का आविष्कार करते हुए काम नहीं करेंगे।

-थॉमस अल्वा एडीसन ने कहा था "मैं असफल नहीं हुआ हूं, मैंने सिर्फ 1000 तरीके खोजे हैं जो काम नहीं करेंगे।"

अपने सपनों को पूरा करने के लिए आप जो समय लेते हैं, वह आपके द्वारा की गई कड़ी मेहनत और आपके द्वारा अपनाई जाने वाली रणनीतियों पर निर्भर करता है।

कभी-कभी हम सब इसे "किस्मत" का जामा पहना देते है, और जीवन परिस्थितियों पर छोड़ देते है, और यह हमारी "सबसे बड़ी बाधा" और रास्ते का रोड़ा बन जाती है।

यह कहना बुद्धिमानी नहीं है कि परिस्थितियाँ बाधा हैं। आपकी मेहनत और फोकस की परीक्षा लेने के लिए ही परिस्थितियां सामने आती हैं। यह बहुत महत्वपूर्ण है कि आपके सपनों का आकार, परिस्थितियों के रूप में आपके रास्ते में आने वाली बाधाओं से बड़ा हो। आपका सपना इतना बड़ा होना चाहिए कि बाधाओं को पाट सके और उससे बाहर निकलने का रास्ता बना सके।

विलियम जेम्स ने कहा था: "हम अपने रवैये में बदलाव करके ही अपनी परिस्थितियों को बदल सकते हैं।"

अब परिस्थितियों को दोष देना छोड़ दे और अपना रवैया बदले।

इस बात में कोई आश्चर्य नहीं कि सफलता का मार्ग कठिनाइयों के कई माध्यमों से होकर गुजरता है। पर अगर आपका दिल इसे पूरा करना चाहता है, तो यह एक रास्ता खोज ही लेता है।

एक प्रसिद्ध कहावत है ,"जहां चाह होती है वहां राह होती है।"

अपने सपनों की चमक को जीवित रखें और इसे मरने न दें।

अभी नहीं तो बाद में ही सही इन सपनों में जान ज़रूर आयेगी।

अगर आप अपनी इच्छा पूरी करना चाहते हैं, तो अपने भीतर की आग को जलाना न भूलें। सपने देखते रहो और अपने सपनों को साकार करते रहो।

भविष्य उनका है जो अपने सपनों की सुंदरता में विश्वास करते हैं।" - एलेनोर रूजवेल्ट

2

सपना

सपना क्या है?

सपना एक अद्भुत मानवीय अनुभव है, जिसमें व्यक्ति नींद की स्थिति में संवेदी, संज्ञानात्मक और भावनात्मक एपिसोड द्वारा विशेष चेतना की स्थिति को महसूस करता है। सपने देखने वाले का कभी-कभी सपनों पर नियंत्रण नहीं होता है। सपने ज्यादातर मामलों में ज्वलंत अनुभवों से भरे होते हैं जो हमारे जीवन के अनुरूप होते हैं। सपने ज्यादातर तब होते हैं जब हम सोते हैं, और इसका मतलब यह नहीं है कि केवल नींद की स्थिति में ही लोग सपने देखते है, कभी-कभी कुछ सोचते समय, कुछ चित्र हमारे दिमाग में आते हैं और हम इसकी कल्पना करते हैं और उस चित्र से संबंधित एपिसोड की श्रृंखला हमारे मस्तिष्क में होती है, भले ही हम जाग रहे हों लेकिन हम उन घटनाओं की कल्पना करने में लीन हो जाते हैं और इसकी रील हमारे दिमाग में एक चल चित्र की तरह चलती रहती है। जिस अवस्था में हम सो नहीं रहे होते हैं और सपने देख रहे होते हैं, उसे अक्सर दिन में सपने देखना कहा जाता है या खुली आंखों से सपना देखना कहा जाता है।

अब सवाल ये उठता है, हम जो सपना देखते हैं, उन सपनों की सामग्री क्या है?

हमारे सपनों की सामग्री हमारे सोने से ठीक पहले, हमारे मन के विचारों के समानुपाती होती है। जब हम सोने से ठीक पहले एक डरावनी फिल्म देखते हैं, तो हमें ज्यादातर डरावने सपने आते हैं। जब हम तनावग्रस्त या परेशान होते हैं तो हमारे पास अशांत भावनाएं होती हैं और इसके परिणामस्वरूप हम नींद की स्थिति में हमारे दिमाग में एक कष्टप्रद रील को देखते है और हम अशांतकारी भावनाओं को महसूस करते हैं। यह भय, चिंता, आघात का अनुभव करवाते हैं और हम,अक्सर इन सब पर बुरे सपनो का ठप्पा लगा देते है। यदि हम मोटे तौर पर सपनों को वर्गीकृत करते हैं तो वे सकारात्मक और नकारात्मक दो प्रकार के होते हैं और वे उत्तेजना से अत्यधिक प्रभावित होते हैं।

सकारात्मक उत्तेजना (ट्रिगर) के परिणामस्वरूप सकारात्मक सपने आते हैं और नकारात्मक ट्रिगर के परिणामस्वरूप नकारात्मक सपने आते हैं।

आइए एक कहानी से समझते हैं

तारा और सितारा जुड़वां बहनें थीं और अनाथ थीं, परिणाम स्वरूप एक नानी के पास और दूसरी दादी के पास रहा करती थी। तारा की दादी एक सेवानिवृत्त हाई स्कूल शिक्षिका थीं, इसलिए वह अत्यधिक बौद्धिक विचारो से परिपूर्ण थीं और यही कारण था की उनके दिमाग में ज्ञानियों की कहानियाँ भरी हुई थीं।

हर रात तारा को सुलाते समय, वह अंतरिक्ष वैज्ञानिकों या किसी अत्यधिक सफल व्यक्ति की एक प्रेरक कहानी उसे सुनाती थी। यह एक ऐसी रस्म थी जिसे दोनों सबसे ज्यादा पसंद करते थे। तारा हर दिन अपनी दादी द्वारा सुनाई गई कहानी सुनती और धीरे से नींद की अवस्था में चली जाती। सुबह उठने के बाद तारा दौड़ कर अपनी दादी के पास जाती और उन्हें गले से लगा लेती और कहती कि क्या तुम्हें पता है

दादी, कि मैंने कल क्या सपना देखा था? और दादी सारा काम छोड़, बड़े प्यार और चाव से उन कहानियों को सुनती थी।

तारा की कहानियों में वह ज्यादातर एक वैज्ञानिक या अंतरिक्ष यात्री होती थी, यह उसकी दादी के लिए बिल्कुल भी आश्चर्य की बात नहीं थी क्योंकि वह रात को जो कुछ भी तारा को सुनाती थी वही उसके सपनों में सोने के बाद एक कहानी के रूप में दिखाई पड़ता था और सपने का रूप ले लेता था।

दूसरी ओर सितारा की नानी बहुत धार्मिक स्त्री थीं और उन्हें पौराणिक कथाओं का अच्छा ज्ञान था। वह बिस्तर पर सितारा को सुलाते समय उसे रामायण से भगवान राम की कहानियाँ सुनाती थी । हर सुबह सितारा जागने के बाद, अपनी नानी को अपना सपना सुनाती थी, जिसमें ज्यादातर भगवान राम उनके पास आए हुए होते थे या सितारा सपनों में अयोध्या गई हुई होती थी।

सपनों के (उत्तेजना) ट्रिगर को समझने के लिए ये दो कहानियां काफी हैं।

सपने ज्यादातर उन ट्रिगर्स से जुड़े होते हैं जो हमें दिन-प्रतिदिन के जीवन से मिलते हैं। अगर हमें सकारात्मक ट्रिगर मिलते हैं तो हमें सकारात्मक सपने आते हैं और जब नकारात्मक होते हैं तब यह एक बुरा सपना कहलाता है।

हम अक्सर लोगों को यह कहते हुए सुनते हैं कि मेरा एक बड़ी फैंसी कार खरीदने या एक सफल उद्यमी बनने का सपना है। यहाँ हम फिर से ट्रिगर के बारे में बात कर रहे हैं। यहां एक व्यक्ति होशपूर्वक मन को एक आकर्षक दिखने वाली कार के बारे में या एक निश्चित स्थिति के लिए एक उत्तेजना देता है जहां वह व्यक्ति खुद को देखता है। यह अभी वर्तमान जीवन की वास्तविकता का हिस्सा नहीं है, लेकिन व्यक्ति उस बिंदु पर रहने का लक्ष्य रखता है और सपने में खुद को उस विशेष वस्तु, कार, घर आदि के साथ या उस स्थिति में देखता है। यहां सपना कुछ हासिल करने की एक विशेष इच्छा के साथ निकटता से जुड़ा हुआ है। उस विशेष चीज़ को प्राप्त करने की इच्छा उस व्यक्ति को प्रेरित करती है और अपनी मंजिल तक पहुँचने के लिए उसमे ईंधन भी डालती है।

उस सपने को हकीकत बनने का सपना उस व्यक्ति में एक मजबूत इच्छा से प्रेरित है और उस सपने को वास्तविकता में बदलने की तीव्र इच्छा के साथ, व्यक्ति दिन-रात कड़ी मेहनत करता है, जब तक वह सपना पूरा नहीं हो जाता और जब सपना पूरा हो जाता है तब व्यक्ति मंजिल तक पहुंच जाता है। सपना पूरा होते ही व्यक्ति परमानंद की स्थिति को अनुभव करता है, कुछ समय के लिए यह व्यक्ति को आनंद देता है, फिर उसके जीवन का एक सामान्य हिस्सा बन जाता है और उसे अब और उत्तेजित नहीं करता है क्योंकि सपना और वास्तविकता का अंतर उस क्षण भर जाता है जब सपना सच होता है।

व्यक्ति फिर से किसी ऐसी चीज के सपने देखने लगता है जो उसके पास नहीं है और वह उस तस्वीर को अपने मन में फिर से रखता है और यह चक्र जीवन भर चलता रहता है।

सपने, इच्छा और मंजिल के चक्र को बनाए रखने के लिए एक महान अनुशासन की आवश्यकता होती है। मैं इसका उल्लेख विभिन्न अध्याय के तहत करूंगी, जो किसी भी व्यक्ति को इस यात्रा को आसानी से करने में मदद करेगा।

सपने, इच्छा और मंजिल के इस सफर में सबसे महत्वपूर्ण हिस्सा आप हैं। जी हाँ, आपने सही सुना, यह आप हैं, इसलिए कमर की पेटी को कस लें। मैं आपको भविष्य में आपके बेहतरी की यात्रा पर ले कर जा रही हूं।

यह यात्रा काफी ऊंची-नीची एवं अड़चनों भरी है, इसलिए कमर की पेटी को कसना मत भूलिएगा।

3

अपने आप को केंद्र बनाओ

"जब गोला या सर्कल के केंद्र को परिभाषित किया जाता है तो परिधि चिकनी और गोल होती है। अपने आप को अपने जीवन का केंद्र बनाएं, तभी आपके आस-पास के लोग आपकी योग्यता को जान पाएंगे। एक परिभाषित केंद्र के साथ ही एक सर्कल यानी गोला, आकार खींचा जा सकता है।"

हम बचपन से ही सौर मंडल के बारे में अध्ययन करते आ रहे हैं और हम सभी यह बात भलीभांति जानते हैं कि सौरमंडल सूर्य और उसके आठ ग्रहों का एक परिवार है जिसके केंद्र में सूर्य है और इसके चारों ओर आठ ग्रह, क्षुद्रग्रह और उल्कापिंड हैं। सूर्य केंद्र में है और उसका परिवार उसके चारों ओर घूमता है।

हमें बिल्कुल अपने आप को सौर्य मंडल का सूर्य बनाना होगा। बिना यह सोच की हम एक नारी हैं या एक पुरुष यदि आप अपना ख्याल रख रहे हैं और अपने को केंद्र में रख रहे है तो सब कुछ अपने आप अपने-अपने स्थान पर आ जाएगा। इस व्यस्त दुनिया में जब खुद की देखभाल करने की बात आती है तो सबसे आम समस्या जो सामने आती है वह है, समय।

एक सेकंड रुकिए, अपनी सांस रोककर रखिए और फिर से पूछिए, क्या समय वास्तव में समस्या है?

अगर ऐसा होता तो जीवन में कोई भी सफल नहीं होता और यह दुनिया अपने आप को मूर्खों और अज्ञानियों से भर देती, लेकिन ऐसा नहीं है। दुनिया अद्भुत लोगों से भरी हुई है जो अपने क्षेत्रों में प्रतिभाशाली हैं। क्या वे समय की तंगी का शिकार नहीं हो रहे हैं? या वे समय खरीद कर चौबीस घंटे के बजाय तीस घंटे का अपना दिन बना लेते हैं।

मैं आपको बहुत निराशाजनक लग सकती हूं लेकिन वास्तव में समय समस्या नहीं है ,क्योंकि ईश्वर ने एक आम आदमी और यहां तक कि आइंस्टीन जैसे शीर्ष प्रतिभाओं को भी उतने ही घंटे दिए हैं। समय समस्या नहीं बल्कि उसका प्रबंधन करना समस्या है। जी हाँ, आपने सही सुना यह आपके समय के प्रबंधन के बारे में है।

अपने आप को अपने जीवन की प्राथमिकता बनाने के लिए क्या आप पहला कदम लेने को तयार है। अगर हां तो सर्व प्रथम अपने लिए एक विशेष समय स्लॉट निर्धारित करे।

दिन भर में किए जाने वाले काम को प्राथमिकता देने की आदत से ही यह संभव है। इस यात्रा में यह आपकी नंबर एक आदत होनी चाहिए। काम की तात्कालिकता के अनुसार एक कार्य सूची (टू डू लिस्ट) तैयार करें। अपने दिन को अलग-अलग स्लॉट में विभाजित करे और अपने लिए एक समर्पित स्लॉट रखे। अपने लिए 60 मिनट का समय निकालने का प्रयास करें। यह आदत आपको दिन भर खुश और कम चिंतित रखेगी। काम, चिंता का कारण नहीं है, परंतु इतना सारा काम करना है, यह सोच मन में चलती रहती है और यही सभी अराजकता और चिंता का कारण बनती है। जिस क्षण आप कार्य करने के लिए सूची में उसे नोट करते हैं, उसी समय दिमाग, जो किसी उत्तेजित बंदर सा उछल रहा होता है, वह शांत हो जाता है और आराम से बैठ जाता है क्योंकि एक समर्पित समय स्लॉट के साथ कामों को लिखने से दिमाग को संकेत मिलता है कि उस विशेष कार्य को केवल उस स्लॉट में करने की आवश्यकता है, इसलिए यह काम करता है और सभी चल रहे अनावश्यक विचारों को बंद

कर देता है।

यह अपने लिए समय निकालने का एक प्रभावशाली तरीका है। अपने काम को व्यवस्थित कर उसे प्राथमिकता देकर अपने लिए, खुद के लिए ,एक स्लॉट हर रोज अपनी टू डू लिस्ट में बनाना ना भूले।

कुछ लोग कह सकते हैं कि हम एक टू-डू सूची बनाते हैं और फिर भी समय नहीं पाते हैं क्योंकि वे वास्तव में वर्कहॉलिक हैं और सोचते हैं कि खुद को समय देना उनकी उत्पादकता को बाधित करेगा। ऐसे लोगों के लिए मैं उन्हें उनके बचपन के दिनों में ले जाना चाहूंगी जब वे स्कूल में हुआ करते थे। स्कूल में संचालन के लिए सीमित घंटे थे जो आम तौर पर सुबह 8 बजे से दोपहर 2 बजे तक होते थे।

इन 6 घंटो (360 मिनट) को चालीस मिनट की आठ अवधियों में विभाजित किया गया था, जिस में 320 मिनट कि कुल क्लास होती और बचे हुए 40 मिनट को सुबह की सभा, छोटे ब्रेक और लंबे ब्रेक के लिए क्रमशः 10 मिनट, 10 मिनट, 20 मिनट के रूप में उपयोग करने के लिए विभाजित किया गया था। उन सीमित 6 घंटों में जब भी कोई कार्यक्रम आता था तो आप उन दिनों कैसे मैनेज करते थे?

अगर आपको याद आ गया है, तो अच्छा है। जिन्हे याद नहीं, उनको बता दू, ऐसे में जीरो पीरियड की अवधारणा चलन में आती थी।

प्रत्येक अवधि से कम से कम 5 मिनट निकालकर शून्य अवधि बनाई गई थी। चूंकि अवधियों (पीरियड्स) की कुल संख्या 8 थी और समय 5 मिनट कम कर दिया गया था, इसलिए प्रत्येक अवधि 35 मिनट की थी और इन सभी 8 अवधियों से बनाई गई शून्य अवधि 40 मिनट (5*8 =40) की थी।

यही सरल गणित हमें अपने जीवन में फिर से लागू करना है, अपने लिए शून्य अवधि बनाने के लिए अपने सभी टू डू लिस्ट स्लॉट्स में से 5 से 10 मिनट का समय निकालें।

24 घंटे में से हम 8 घंटे सोते हैं और हमारे हाथों में 16 घंटे शेष होते हैं। 4 घंटे दैनिक कार्यों के लिए समर्पित हैं, इसलिए इसे काटने के बाद, हमारे पास 12 घंटे बचते हैं और यदि हम प्रत्येक घंटे से 10 मिनट लेते हैं तो यह अपने लिए 120 मिनट बनाता है। मैं 60 मिनट के बारे में बात

कर रही थी लेकिन 2 घंटे निकालना भी इतना आसान और सरल सा लगता है। क्यों है की नहीं?

इस सरल गणित को अपने जीवन में वापस लाएं और जादू देखें। इस शून्य काल को अपने दिन के सुनहरे समय के रूप में उपयोग करें और इसे अपने आत्म-विकास के लिए उपयोग करें।

यह आत्म विकास, खुद को फिट रखने के लिए व्यायाम करना, सैर करना, योग करना या किताब पढ़ने जैसा हो सकता है। यह कुछ ऐसा होना चाहिए जो आपको एक बेहतर इंसान बनाता है और जब आप मुड़कर पीछे देखते हैं तो आप अपनी प्रगति देख सके।

आपका आज हमेशा आपके बीते हुए कल से बेहतर होना चाहिए। बस यह बात हमेशा याद रखे और अपने लक्ष्य के पीछे दौड़ते रहे।

अच्छा ये बताए, अगर समुद्र में दो जहाज हैं, एक डूब रहा है और एक तैर रहा है, तो आप किसे चुनेंगे? बेशक, आप उस जहाज को चुनेंगे, जो तैर रहा है क्योंकि वह सुरक्षित है।

अब सवाल यह उठता है कि आप उस जहाज को ही क्यों चुनते हैं?

इसके दो संभावित कारण हैं।

1. आप सुरक्षित रहना चाहते हैं और आप अपनी जान नहीं गंवाना चाहते,

2. आप न केवल अपने जीवन को बचाने के लिए तत्पर है बल्कि दूसरे जहाज में डूबने वालों की भी मदद करने के लिए अपने को सुरक्षित रखना चाहते हैं।

इन दोनों संभावनाओं में कोई दूसरों की मदद तभी कर सकता है, जब आप खुद को सुरक्षित रखेंगे। इसी तरह, यदि आप स्वयं को प्राथमिकता देते हैं, तभी आप दूसरों की मदद कर सकते हैं और उनकी भलाई में योगदान कर सकते हैं।

मैं, अगले अध्याय में आपकी उत्पादकता बढ़ाने का, एक चमत्कारी तरीका भी साझा करूंगी, ताकि आप वास्तव में स्मार्ट तरीके से काम करें और सभी कार्यों को अपेक्षित समय से पहले पूरा करें। यह शून्य काल, आपके जीवन का नायक होगा और आपके जीवन को काफी हद तक बदल देगा।

बहाने बनाना बंद करो, यह आपके किसी काम का नहीं है। यह कहना, "मेरे पास अपने लिए समय नहीं है", यह और कुछ नहीं बल्कि विलंब करने का एक शानदार तरीका है। टालमटोल की आदत को बंद करें और जीरो-पीरियड को वापस जीवन में लाएं और अपने जीवन के हीरो बनें।

टालमटोल करने वाले से एक्शन लेने वाले (क्रियाशील) के रूप में खुद का बदलाव करें और अपनी मदद करके अपने जीवन को अद्भुत बनाएं।

यह बात याद रखें कि "आप अपने जीवन की सबसे बड़ी और सबसे महत्वपूर्ण परियोजना हैं।"

4

स्प्रिंट

स्प्रिंट क्या है?

स्प्रिंट का शाब्दिक अर्थ है, छोटी दौड़ में, आप निर्धारित समय के अंतर्गत, किसी विशेष बिंदु पर पहुंचने की जल्दी में हैं इसलिए जितनी जल्दी हो सके उतनी तेजी से दौड़ें।

गौर से देखा जाए तो, दो बातें समझ आती है।

पहली, जितनी तेजी से दौड़ सकते हैं उतनी तेजी से दौड़ें, यानी आपकी सर्वश्रेष्ठ दक्षता और दूसरी, छोटी दूरी का अर्थ है, कम समय में। दूसरे शब्दों में यह कहा जा सकता है कि स्प्रिंट उस विशेष कार्य के लिए आपका सबसे अच्छा आउटपुट है, उस कार्य पर एक सीमित अवधि के लिए आपका पूरा ध्यान केंद्रित है।

इस प्रकार के फोकस को लेजर लाइट फोकस भी कहा जाता है।

आइए इसे, इस कहानी के माध्यम से समझते हैं।

रुद्र एक छोटा लड़का था जो गणित की ट्यूशन लेता था। रोजाना शाम को सात से आठ बजे उसकी ट्यूशन क्लास होती थी। वह साइकिल से अपनी क्लास लेने के लिए अपने मास्टर के घर जाता था। उसके

गणित के शिक्षक एक पॉश इलाके में रहते थे, इसलिए रुद्र अपनी साइकिल को गेट के पास पार्क करके उसमें ताला बंद कर देता था। आठ बजे जब उसकी क्लास खत्म होती तब तक अंधेरा हो जाया करता था। एक दिन,उसके शिक्षक द्वारा अचानक उसकी परीक्षा ली गई, जिसमें रुद्र ने पूरे अंक प्राप्त किए। पूरे अंक प्राप्त करना न केवल रुद्र के लिए खुशी का स्रोत था बल्कि उसके शिक्षक के लिए भी खुशी का कारण था और उन्होंने रुद्र को प्रोत्साहित करने के लिए उसे पुरस्कृत करने का फैसला किया। उन्होंने, उसे एक कलम दी जो उन्हे, उनके गुरुजी द्वारा उपहार में दी गई थी, जब वह रुद्र के उम्र के थे। रुद्र बहुत खुश हुआ और उसने, उस कलम को अपनी जेब में रखा और खुशी-खुशी घर लौट आया। घर पहुंचने के बाद उसने अपने माता-पिता को यह खुशखबरी दी और जब उसने अपनी जेब में पेन ढूंढा तो वह उसकी जेब में नही मिला। वह साइकिल के पास कलम खोजने के लिए अपने गेट के बाहर दौड़ा। उसे यकीन था कि साइकिल से उतरते समय कलम उसकी जेब से फिसल गई होगी। उसने अपनी कलम को उस क्षेत्र के पास खोजने की कोशिश की जहां उसने साइकिल खड़ी की थी। लैम्प पोस्ट की रोशनी में पेन ढूंढना मुश्किल लग रहा था। इस प्रक्रिया में पहले से ही दस मिनट से अधिक का समय पार हो चुका था। रात हो चुकी थी और जैसे ही रात के खाने का समय नजदीक आया, दादाजी उसकी मदद करने के इरादे से उसके पास आए। उसे उसका महत्वपूर्ण कलम खोजने के लिए संघर्ष करते हुए देखकर, दादाजी ने महसूस किया कि यह अपर्याप्त प्रकाश था, जो रुद्र के लिए कार्य को कठिन बना रहा था। दादाजी हमेशा अपने साथ टॉर्च रखते थे, धीरे से उन्होंने अपनी टॉर्च चालू की, टॉर्च के फ्लैश लाइट के फोकस के तहत रुद्र ने अपनी खोई हुई कलम को सफलतापूर्वक ढूंढ लिया। उसने खुशी से अपने दादा को गले लगा लिया। बाद में रुद्र ने अपने माता-पिता को अपना ईनाम दिखाया और परिवार के साथ भोजन किया।

यह छोटी सी कहानी, हमें फोकस के महत्व के बारे में बताती है। लैम्पपोस्ट की मंद रोशनी में खोई हुई कलम को खोजना मुश्किल था, लेकिन खोज करते समय उस विशेष क्षेत्र में एक फ्लैशलाइट केंद्रित होने पर, वह आसानी से मिल जाती है।

फोकस का एक और उदाहरण जिसे मैं उजागर करना चाहूंगी, वह है आवर्धक कांच (मैग्नीफाइंग ग्लास) और सूर्य की किरणों का विज्ञान प्रयोग। मुझे यकीन है, आपने इसे बचपन में स्कूल में पढ़ते समय जरूर किया होगा।

सूर्य की किरणें एक ऐसी चीज है ,जो हमें रोज मिलती है। यह इस धरती पर रहने वाले हर जीव के लिए महत्वपूर्ण है लेकिन वे किरणें कुछ भी नहीं जलाती हैं। पर वही सूर्य की किरणें जब मैग्नीफाइंग ग्लास की सहायता से एक बिंदु पर केंद्रित होती हैं तो कागज पर आग लगा देती हैं। ऐसा क्यों होता है? ऐसा इसलिए होता है क्योंकि ऊर्जा एक निश्चित समय के लिए, एक बिंदु पर केंद्रित हो जाती है। यह है फोकस की शक्ति, फोकस व्यक्ति की कार्यक्षमता को बढ़ाता है। फोकस से दक्षता बढ़ती है, इसलिए सभी दैनिक कार्य करते समय, अपना ध्यान उस विशेष कार्य पर पूरा रखें और अपने बढ़े हुए आउटपुट को देखें। यह वाकई आपके दिमाग को चकित कर देगा।

मल्टीटास्किंग, हर किसी के जीवन का हिस्सा बन गया है लेकिन इससे नुकसान होता है क्योंकि ऐसा करते समय फोकस बट जाता है। मल्टीटास्किंग से बचें और उन व्यक्तिगत कार्यों पर ध्यान केंद्रित करने का प्रयास करें, जो महत्वपूर्ण हैं और आश्चर्यजनक परिणाम देखें। यह स्प्रिंट विधि निश्चित रूप से आपके वाहन में एक ऊर्जावान ईंधन साबित होगी और आपको उतनी ही ईंधन में अतिरिक्त मील ड्राइव करने में मदद करेगी। यह स्प्रिंट विधि बहुत उपयोगी है क्योंकि यह सभी कार्यों को अपेक्षित समय से पहले पूरा करने में मदद करती है, जिससे खाली समय या शून्य अवधि के लिए अधिक जगह बनाने में मदद मिलती है।

इस स्प्रिंट विधि को पोमोडोरो विधि भी कहा जाता है। फोकस वास्तव में महत्वपूर्ण है, यदि आप फोकस के बारे में अधिक समझना चाहते हैं, अपना कैमरा निकालें और किसी विशिष्ट वस्तु पर ध्यान केंद्रित किए बिना चित्र क्लिक करने का प्रयास करें और चित्रों की जांच करें, मुझे यकीन है कि आप परिणाम से निराश होंगे।

स्प्रिंट के साथ अपनी उत्पादकता बढ़ाएँ।

"आप जिस पर ध्यान केंद्रित करते हैं, उससे आपका जीवन नियंत्रित होता है।"

-टोनी रॉबिंस

5
विश्वास की शक्ति

विश्वास क्या है?

विश्वास एक ऐसी चीज है, जिसे आप सत्य, सही और ऐसी चीज के रूप में स्वीकार करते हैं जो वास्तव में मौजूद है। मूल रूप से, यह स्वीकृति का एक मानसिक दृष्टिकोण है। इसलिए, विश्वास पूरी तरह से इस बात पर निर्भर करता है कि आप अपने दिमाग में कैसी सोच को पनपने देते हैं।

विश्वास के महत्व को उन लोगों द्वारा मापा जा सकता है, जो ईश्वर में विश्वास करते हैं और जो नहीं करते हैं। जो लोग ईश्वर में विश्वास करते हैं, उनका दृढ़ विश्वास होता है कि भगवान उनके जीवन की कठिन परिस्थितियों से गुजरने में उनकी मदद करेंगे और उनके साथ ऐसा होता भी है, जब कठिन दिन खत्म हो जाते हैं, ऐसे लोग कहते हैं, भगवान ने हमारे कठिन समय में हमारी नैय्या आसानी से पार लगा दी । दूसरी ओर, ऐसे लोग हैं, जो भगवान में विश्वास नहीं करते हैं और सोचते हैं कि जो हो रहा है, वह हो रहा है, जैसा होना लिखा है और कुछ भी इसे बदल नहीं सकता है। ऐसा ही हाल उन लोगों का भी है, जो भूतों को मानते हैं और जो नहीं मानते। जो लोग इसमें विश्वास करते हैं, वे डर जाते हैं और जो नहीं करते हैं, वे इसके अस्तित्व से बिल्कुल भी परेशान नहीं होते हैं।

तो, विश्वास मूल रूप से उन विचारों पर निर्मित होता है, जिन्हें हम अपने मन में पनपने देते हैं। ये विचार उन शब्दों का व्यवस्थित समामेलन हैं, जो आप स्वयं से कहते हैं। शब्दों में अपार शक्ति है, शब्दों में किसी को भी बनाने और बिगाड़ने की ताकत होती है। आप जिस प्रकार के शब्दों का प्रयोग करते हैं, उसका आपके जीवन में, आप पर गंभीर प्रभाव पड़ता है। सुरक्षा और असुरक्षा की भावना इस पर आधारित है कि आप कैसे सोचते हैं और आप अपने लिए कैसे शब्द इस्तेमाल करते हैं।

विचार या तो सकारात्मक होते हैं या नकारात्मक, ये विचार शब्दों में बदल जाते हैं और अच्छे या बुरे प्रत्येक शब्द में एक ऊर्जा जुड़ी होती है, क्योंकि हमारे चारों ओर हर चीज ऊर्जा के रूप में होती है। हर किसी के मन में यह सवाल रहता है कि क्या चीज इंसान को सकारात्मक या नकारात्मक बनाती है? हमेशा सत प्रतिशत सकारात्मक होना संभव नहीं है, हम सभी इंसान हैं और हम विभिन्न भावनाओं से प्रेरित होते हैं।

किसी का भी सकारात्मक या नकारात्मक होना इस बात पर निर्भर करता है कि आपके पास कितने सकारात्मक विचार हैं और कितने नकारात्मक । जिन विचारो की संख्या अधिकतम होती है, वह प्रभावी हो जाती है और कम संख्या वाली निष्क्रिय। ये निष्क्रिय विचार,उत्तेजना (ट्रिगर) होने पर ही जागृत होती है।

इसे समझने के लिए, मान लीजिए कि एक कांच के गिलास में शुद्ध और साफ पानी है, इस गिलास का पानी सकारात्मक विचारों का प्रतिनिधित्व करता है। अब इसमें चुटकी भर मिट्टी डालना शुरू करें, जैसे ही आप इसमें एक चुटकी मिट्टी डालते हैं, यह पानी पीने के लिए अनुपयुक्त हो जाता है लेकिन फिर भी साफ दिखाई पड़ता है, हम इस में अगर कुछ चुटकी मिट्टी डालते रहे, थोड़ी मात्रा में मिट्टी डालने के बाद भी यह साफ दिखाई पड़ता है। जैसे ही आप मात्रा बढ़ाते हैं, और उसमें एक से दो चम्मच मिट्टी डालते हैं, पानी मैला और गंदा दिखने लगता है। यहां, मिट्टी नकारात्मक विचारों का प्रतिनिधित्व करती है। एक गिलास पानी जो कुछ समय पहले शुद्ध और साफ था, अब मैला और अस्पष्ट हो जाता है। चलो अब चम्मच से साफ पानी डालना शुरू

करते हैं और डालते रहते हैं, जब आप शुरुआत में कुछ चम्मच शुद्ध पानी डालते हैं तो कुछ नहीं होता है, लेकिन जैसे-जैसे आप इसे करते रहेंगे, कुछ समय बाद गिलास का पानी साफ हो जाएगा और शुद्ध पानी बन जायेगा।

यहां, खाली गिलास मानव मन का प्रतिनिधित्व करता है और मिट्टी बुरे या नकारात्मक विचारों का प्रतिनिधित्व करती है और पानी अच्छे विचारों का प्रतिनिधित्व करता है। आप वह बन जाते हैं, जो आप इसमें जोड़ते रहते हैं, जो सामान प्रमुख योगदान देता है, वह आपके व्यवहार में परिलक्षित होता है, यदि आप सकारात्मक विचारों को बार-बार मन में लाते हैं और ऐसा करना जारी रखते हैं, तो आप सकारात्मक विश्वास वाले एक सकारात्मक और आत्मविश्वासी व्यक्ति बन जाते है और यदि आप नकारात्मक विचार अपने मन में घर करने देते है तो आप नकारात्मक विश्वास वाले नकारात्मक और असुरक्षित व्यक्ति बन जाते है।

आप में एक मजबूत आत्म-विश्वास होना चाहिए, जिस क्षण आप अपने आप पर विश्वास करना शुरू करते हैं, आपके आस-पास जादू होने लगता है। हमारे चारों ओर सब कुछ ऊर्जा और पदार्थ के रूप में है यानी, हर वस्तु या तो ठोस, तरल या गैस है, इसलिए यह जगह घेरता है और इसका वजन होता है। जब भी हम किसी स्थान से कुछ भी हटाते हैं तो वह स्थान किसी अन्य पदार्थ द्वारा ले लिया जाता है क्योंकि वैक्यूम बनाना संभव नहीं है। हम दिमाग में भी स्थान खाली नहीं बना सकते हैं, इसमें कुछ न कुछ होना चाहिए, या तो सकारात्मक या नकारात्मक, या तो रचनात्मक या विनाशकारी।

केवल यही दो संभावनाएं हैं:-

1. कुछ निकालो,

2. कुछ डाल दो।

पहले मामले में, जब आप कुछ निकालते हैं तो यह अन्य चीजों के लिए एक जगह बनाता है, इसलिए जिस क्षण नकारात्मक विचार हटते हैं, उसे फिर से भरना पड़ता है, यहां आपको थोड़ा सावधान रहना होगा, आप अब इस स्थान पर कुछ सकारात्मक भरने का ही प्रयास अपने

विचार में लाए । इसमें थोड़ी मेहनत लगेगी और ध्यान रहे, बुरे विचारों को मन में आस पास भी न फटकने दे, क्युकी यह आपके जानकारी के बिना कब दबे पाव, चुपके से वापस आपके मस्तिष्क में प्रवेश कर लेगा ,यह आप भी नही जान पाएंगे।

दूसरे मामले में, जब आप कुछ मस्तिष्क में डालते हैं। याद रखें, ऊपर वर्णित जल और मिट्टी का प्रयोग। आप कितने भी नकारात्मक क्यों न हों, यदि आप लगातार सकारात्मक विचार रखते हैं, तो एक समय ऐसा आएगा, जब सकारात्मकता हावी होगी और यह आपके व्यक्तित्व में प्रतिबिंबित होगी।

विश्वास के बारे में इतनी सारी बातें करते-करते मुझे रुडयार्ड किपलिंग द्वारा लिखी गई प्रसिद्ध कहानी "द जंगल बुक" की याद आ गई । यह एक काल्पनिक चरित्र, मोगली की कहानी थी, जिसे भेड़ियों ने पाला था। उसे भेड़िया माता-पिता द्वारा अपनाया गया था और बिलकुल अन्य भेड़िया के बच्चों के साथ ही उसी तरह प्रशिक्षित किया गया था । यहां मोगली इंसान होते हुए भी खुद को भेड़ियों के झुंड का हिस्सा मानता था। उसकी मान्यताओं ने उसे इंसान से ज्यादा भेड़िया बना दिया था। वह जंगली था, क्योंकि वह जंगल में पला-बढ़ा था, उसमे शिकार और हत्या करने का कौशल था । वह जानवरों की भाषा में संवाद करने में सक्षम था, वह कच्चा मांस और जंगल उत्पाद खाता था। इंसान होते हुए भी, उसके इस विश्वास और इन गुणों ने उसे भेड़िया बना दिया।

यह एक काल्पनिक पाठ था जिसका हम सभी ने आनंद लिया लेकिन ऐसा ही एक मामला 1872 में देखा गया, जब शिकारियों का समूह उत्तर प्रदेश के जंगल से गुजर रहा था, तो उन्हें भेड़ियों का एक झुंड मिला, जो एक इंसान के साथ दौड़ रहा था। वह इंसान जानवरो जैसे चारो पैर

पर चल रहा था ,बाद में, भेड़ियों का शिकार किया गया और इस लड़के को पकड़ लिया गया और एक अनाथालय में लाया गया। उसे समाज के मानदंडों के अनुकूल बनाने के प्रयास किए गए, लेकिन प्रयास विफल रहा, भेड़िया होने के विश्वास के कारण सानिचर नाम का यह मानव अभी भी जंगली था, कच्चा मांस खाता था, चार पैरो पर चलता था, अपने दांतों को हड्डियों पर कुतर कर तेज करता था । वह खुद को एक भेड़िया मानता था और एक भेड़िये का जीवन जीता था। यह कहानी साबित करती है की आपका विश्वास ही आपको बनाता है।

अपने लिए इस विश्वास प्रणाली के निर्माण में पुष्टि एक बड़ी भूमिका निभाती है। ये पुष्टियां आपके लिए खुद पर विश्वास करने के लिए एक ठोस आधार तैयार करती हैं और आपको वह सब कुछ हासिल करने के लिए तैयार करती हैं जो आप चाहते हैं।

सपने, इच्छा और मंजिल की इस यात्रा की नींव को अपने लिए एक मजबूत आत्म-विश्वास के निर्माण से शुरू करे। जब आप सोचते हैं कि आप जो हासिल करना चाहते हैं, वह वास्तविक है और हर दिन पूरी भक्ति और भावनाओं के साथ उसके प्रति कार्रवाई करते हैं, तो यह वास्तविकता में बदल जाता है। यह जादू नहीं है, यह आपके लक्ष्यों के प्रति विश्वासों और लागू कार्यों का परिणाम है। यह हम सब जानते है, "प्रत्येक क्रिया की सदैव बराबर एवं विपरीत दिशा में प्रतिक्रिया होती है।" इसलिए, जब आप क्रियाशील हो कर के कोई कार्य करने में अपनी ऊर्जा का निवेश करते है तो यह निश्चित रूप से आपके किए गए निवेश के समान परिमाण में परिणाम देता है। यह मैं नही कह रही, ये न्यूटन द्वारा बताया गया गति का तीसरा नियम है और दुनिया में कोई भी इस नियम को नकार नहीं सकता।

"आप वही हैं जो आप खुद को मानते हैं।"

-पाउलो कोइल्हो

6

लक्ष्य

बिना लक्ष्य का जीवन बिना उद्देश्य का जीवन है।

गोल, एक फुटबॉल मैच में एक बहुत ही सामान्य बात है। इसे लक्ष्य क्यों कहा जाता है? ऐसा इसलिए है क्योंकि यह वह बिंदु है जहां हर किसी को ध्यान केंद्रित करना होता है। जब हम उस विशेष क्षेत्र पर ध्यान केंद्रित करते हैं और गेंद को हिट करते हैं तो वह उस क्षेत्र में प्रवेश करती है, जिससे उस टीम के लिए एक गोल होता है। एक खेल में जब एकाग्रता और भक्ति मौजूद होती है, खिलाड़ी गेंद को गोल पोस्ट में मारते हैं और गोल को चिह्नित करते हैं।

लक्ष्य हमारे दैनिक जीवन का एक अभिन्न अंग है; यह छोटा या बड़ा हो सकता है। जीवन में प्रत्येक व्यक्ति के कुछ लक्ष्य होने चाहिए। लक्ष्य विहीन जीवन बिना जाने चलने के समान है, जिसमे पता ही नही होता, कहाँ जाना है?

लक्ष्य जीवन का आधार है।

क्या आपने कभी किसी स्थान की यात्रा की है? जिसमे आपको पता है, जाना है पर किधर जाना है, या कहां जाना है, यह बात मालूम नहीं है। इसी लिए यात्रा के लिए किसी स्थान विशेष, से किसी स्थान विशेष तक पहुँचने का लक्ष्य निर्धारित किया जाता है। आप किसी दिए गए बिंदु तक

पहुँचने के लिए निर्धारित विचार के साथ एक दिशा की ओर यात्रा शुरू करते हैं, और जब आप वहां पहुँचते हैं, तो आप अपने लक्ष्य को प्राप्त करते हैं। ऐसे मुकाम तक पहुंचने के लिए, आपको यह भी तय करना होगा कि आपको जाना कैसे है? तो, आप अपने दिमाग में एक नक्शा तैयार करते है, यात्रा के लिए रणनीति तैयार की जाती है। यदि आप बस या ट्रेन से यात्रा करते हैं, तो आप उस गंतव्य के लिए टिकट खरीदते हैं। यदि आप अपने वाहन से या अपने कदमों से चल कर जाते है , तो आप नक्शे की दिशा के अनुसार चलते हैं। गंतव्य तक पहुंचने का रास्ता अलग हो सकता है, लेकिन आपको एक विशेष दिशा में और एक विशिष्ट बिंदु पर यात्रा करने के लिए एक विचार दिमाग में रखना होगा। आपके जीवन में भी, जीवन का लक्ष्य महत्वपूर्ण है, जैसे आप जिस मंजिल तक पहुंचना चाहते हैं, जब आप यात्रा कर रहे हों।

एक लक्ष्य आपको दिशा देता है, और लक्ष्य की मदद से आप दिए गए बिंदु तक पहुंचने के लिए कामयाब होते हैं। जीवन में लक्ष्य आपको उद्देश्य प्रदान करता है, बिना लक्ष्य के, आप एक ऐसे यात्री की तरह हैं जो बिना गंतव्य जाने मंजिल की खोज में निकलता है। ऐसे में वह व्यक्ति बिना किसी मकसद के किसी खास मुकाम पर पहुंच जाता है और सोचने लगता है की वो यहां क्यों आया ? बिना मकसद के किसी मुकाम पर पहुंचना पूरी तरह से बर्बादी है, क्योंकि उस बिंदु पर पहुंचने के बाद क्या करना है, यह पता ही नही होता। जब कोई एक उद्देश्य के साथ किसी विशेष बिंदु तक यात्रा करता है, तो चरण-दर-चरण रणनीति की योजना बनाई जाती है और इसके साथ एक मकसद जुड़ा होता है। उस बिंदु तक पहुंचने से मकसद पूरा होता है।

मान लीजिए, आपको घर से बाजार जाना है, ऐसे में बिंदु A (घर) से बिंदु B (बाजार) तक आपके मन में एक लक्ष्य है। बाजार तक पहुंचने के लिए आपको एक खास दिशा में चलना होता है। यदि आप बाजार की दिशा में नहीं चलते हैं और बगीचे की ओर कदम बढ़ाते हैं, तो आप अंततः बगीचे(बिंदु c) में पहुंच जाएंगे।

लक्ष्य का महत्व डार्ट्स के खेल के उदाहरण से स्पष्ट हो जाता है। डार्ट गेम में, किसी विशेष बिंदु पर निशाना लगाते है, आपको डार्टबोर्ड पर

दिए गए बिंदु पर ध्यान केंद्रित करना होगा। आप एक बिंदु पर निशाना लगाते हैं, फिर बिंदु को हिट करने के लिए डार्ट फेंकते हैं। उस विशेष बिंदु पर लक्ष्य के बिना, यदि आप डार्ट फेंकते हैं तो यह लक्ष्य को हिट करने में विफल रहता है। खेल हो, यात्रा हो या कोई भी कार्य, उसे प्राप्त करने के लिए लक्ष्य अवश्य निर्धारित करना चाहिए। अपने दिमाग में लक्ष्य रखना वास्तव में महत्वपूर्ण है। इसलिए, अपने लक्ष्य निर्धारित करने की आदत विकसित करें।

जीवन अनमोल है, इसका अधिकतम लाभ उठाने के लिए प्रत्येक व्यक्ति के पास कुछ लक्ष्य होने चाहिए। यह आपके जीवन को एक उद्देश्य देता है। बिना किसी उद्देश्य के जीवन जीना बहुत बड़ी बर्बादी है।

अपने जीवन को कुछ लक्ष्यों से बांधें और इसे अपने और दूसरों के लिए फलदायी बनाएं। कुछ लक्ष्य जोड़कर अपने जीवन में मूल्य जोड़ें। तैयार हो जाएं! अपने कमर को कस ले और अपनी लक्ष्य सूची के साथ अपने जीवन को एक नया आयाम दे। जल्द ही, आप स्वयं को एक नए रूप में देख पाएंगे।

तकदीर बदल जाएगी अगर रखो जिंदगी का कोई मकसद, वरना उम्र कट जाएगी तकदीर को दोष देते देते।

7

टालमटोल

अब जब आपने अपने लक्ष्य को निर्धारित कर लिया हैं और आप उसे प्राप्त करने के लिए कदम उठाने के लिए तैयार हैं, अपने आप में पूर्ण विश्वास के साथ, आप आज से एक नई यात्रा शुरू करने की योजना बना रहे हैं और अचानक, आपको आज रात एक पार्टी के बारे में याद आता है, आपने सबसे महत्वपूर्ण भूमिका पर अभी -अभी एक निर्णय लिया था और उस पर पूर्ण रूप से कार्यशील होने के लिए तयार भी हो गए थे, तभी पार्टी में भाग लेने का निर्णय लें लेते है और सोचते है आज मज़े कर के अगले दिन से अपने लक्ष्यों पर काम करेंगे। आपने अपना निर्णय कल के लिए स्थगित कर दिया । जब नया दिन शुरू होता है तो आप अलार्म घड़ी बंद कर देते हैं और आराम करना चाहते हैं, क्योंकि कल रात आप एक पार्टी में थे और आप पूरी रात का आनंद लेते हुए थक गए थे, आप फिर से अपने लक्ष्यों पर काम करने के लिए इस निर्णय को फिर स्थगित कर देते हैं और इसे अगले दिन से करने के लिए स्थानांतरित करते हैं ,यह चक्र जारी रहता है और चलता ही चला जाता है।

विलंब,वह स्नूज़ बटन है, जिसे हम एक दिन में कई बार दबाते हैं, कई महत्वपूर्ण कार्य कई बार स्थगित कर दिए जाते हैं, बिना यह जाने कि इससे हमें क्या नुकसान हो रहा है। मोटे तौर पर दो नुकसान हैं।

1. काम का स्थगन जो महत्वपूर्ण है।

2. काम का बोझ जो अभी भी आपके सिर के अंदर बरकरार है और आप अभी भी बेकार और अनुत्पादक कार्यों में समय की बर्बादी कर रहे है।

विलंब और आलस्य जुड़वां भाई हैं और एक दूसरे के साथ को पसंद करते है। वे ज्यादातर समय साथ-साथ चलते हैं जिससे व्यक्ति की उत्पादकता समाप्त हो जाती है। एक व्यक्ति के विलंब का सबसे स्पष्ट कारण प्रेरणा की कमी या कार्य को पूरा करने में विफलता का डर है और दूसरा मुख्य कारण एक पूर्णतावादी बनने की कोशिश करना है। किसी कार्य में गलती करने का डर आपको इतना चिंतित कर देता है कि आप उस कार्य को त्रुटिपूर्ण ढंग से करने और पूरा करने से डरते हैं। काम को दोषरहित करने के दबाव के परिणामस्वरूप विविलता हाथ लगती है। काम को बिना किसी गलती के करने के दबाव के परिणामस्वरूप विलंब होता है, यह अन्य लोगों द्वारा आंके जाने के डर से भी जुड़ा हुआ है, अगर दिया गया कार्य सही नहीं है ,तो लोगो द्वारा आप आंके भी जाएंगे , यह डर भी कार्य में विलंब का कारण है।

शिथिलता का सबसे अच्छा उदाहरण तब देखा जा सकता है जब माता-पिता अपने बच्चे को गृहकार्य खत्म करने या उनके कमरे की सफाई करने जैसे सरल कार्यों को करने के लिए कहते हैं, अब बच्चों और उनके माता-पिता के बीच उनके द्वारा किए जाने वाले इन छोटे कार्यों के लिए खींचा तानी आप देखते हैं। बच्चा उस कार्य को टालता रहता है और विलंब होता जाता है। बच्चा कार्य की समय सीमा के अंतिम क्षण तक कार्य को स्थगित करता रहता है। इसमें दोनों के द्वारा कितना समय बर्बाद किया जाता है। इस उदाहरण में, मेंढक दो सिरों में टर- टर बोल रहा होता है और उनकी शांति भंग करता है। हर बीतते दिन के साथ यह विलंम करने का रवैया , आपके काम करने और आपके लक्ष्यों में देरी कराने का कारण है । यादि आप चाहते हैं कि आपके सपने आपकी वास्तविकता बनें तो विलंब करने की आदत को छोड़ दें।

केवल अल्पकालिक उत्तेजना को पूरा करने के लिए विलंब न करें जो आपको सिर्फ क्षणिक आनंद से भर

देता है।

उदाहरण के लिए, स्मार्टफोन के एक क्लिक से मोहित होने से आप इसके डोपामाइन किक में शामिल हो जाते हैं और यह महसूस किए बिना लंबे समय तक मोबाइल में मशरूफ रहते हैं। आपने स्क्रीन को स्क्रॉल करने और एक एप्लिकेशन से दूसरे एप्लिकेशन पर जाने में कितना समय बर्बाद किया है यह आपको पता भी नही चलता क्युकी आप इस आनंद के नशे में रम जाते है ।

अब आप और विलंब न करे , इस आदत को हराने के लिए उस मेंढक को सुबह जल्दी खाना चाहिए (मेंढक खाना मतलब ,जरूरी कार्य पूरा करना है) जो आपको लक्ष्य के पास पहुंचने में मदद करेगा और सबसे जरूरी काम सुबह जल्दी निपट जायेगा, नही तो सारा दिन कार्य करने का बोझ , मंढक के टर- टर के जैसा आपके दिमाग में सुनाई देगा।

टू -डू लिस्ट का पालन करने के लिए, शिथिलता को अनुशासन से हराया जा सकता है। यह प्रतिदिन किए जाने वाले कार्य को प्राथमिकता देते हुए, मस्तिष्क को दिन भर के सभी महत्वपूर्ण कार्यों को निर्धारित प्राथमिकता और समय के अनुसार करने के लिए प्रशिक्षित करता है,यह कम मानसिक अराजकता का कारण बनता है, जिसके परिणामस्वरूप कम चिंता होती है और आप अधिक संगठित और उत्पादित बनते है।

अपने कार्यों को एक इनाम के साथ सम्बंधित करें और इनाम पर नजर रखें। यह छोटा हो सकता है लेकिन यह महत्वपूर्ण है क्योंकि इनाम से मन बहल जाता है। हर बार जब आप अपने आप को एक इनाम देते हैं तो मन को जीत का संकेत मिलता है और ये छोटी जीत आपको आसानी से दैनिक दिनचर्या निर्धारित करने में मदद करती है।

काम पूरा करने के लिए मदद मांगें, क्योंकि इससे पूर्णता का डर कम होता है। यह विलंब की आवृत्ति को कम करेगा। अपने आप को याद दिलाएं कि विलंब आपके सपनों में एक बाधा है और इसे दूर करने से आपका जीवन बदल जाएगा।

मेरी राय में विलंब और कार्य करने में ढिलाई बिल्कुल स्पीड ब्रेकर की तरह है जो सपनों की इस यात्रा में गंतव्य तक आपकी गति को धीमा कर

देती है। इन स्पीड ब्रेकरों से छुटकारा पाएं और शिथिलता को दूर करके अपने लक्ष्यों की ओर तेजी से बढ़ें।

दृढ़ता के साथ प्रतिरोध को पंगु बना दें और अपने कार्यों से विलंब को खत्म करें।

8

प्रतिज्ञान

पुष्टि के माध्यम से आत्म-विश्वास का निर्माण करें।

इस पृथ्वी पर सब कुछ परमाणुओं से बना है। परमाणु मिलकर अणु बनाते हैं और अणु मिलकर पदार्थ बनाते हैं। हमारे चारों ओर सब कुछ पदार्थ है, इस सब का रूप भिन्न हो सकता है। कुछ ठोस होते हैं, कुछ तरल होते हैं और अन्य गैसीय अवस्था में हो सकते हैं। हर पदार्थ में ऊर्जा होती है और ऊर्जा के संरक्षण का नियम कहता है, "ऊर्जा को न तो बनाया जा सकता है और न ही नष्ट किया जा सकता है, लेकिन यह एक रूप से दूसरे रूप में अपना रूप बदलता है।" हम दिन-प्रतिदिन के जीवन में जो शब्द बोलते हैं वह भी ऊर्जा का एक रूप है। शब्दों की शक्ति को कम मत समझे; यह आपको बना या तोड़ सकता है। जो शब्द आप खुद से रोज कहते हैं, वह हमारे दिमाग में उस विचार को बहुत मजबूती से पुष्ट करता है। दैनिक सकारात्मक पुष्टि आपको दैनिक प्रेरणा देती है। यह महत्वपूर्ण है कि दैनिक रूप से कही गई हमारी प्रतिज्ञाओं को हम सकारात्मक मानसिकता से कहे।

प्रतिज्ञान को दोहराने का दैनिक कार्य उतना ही महत्वपूर्ण है जितना कि स्नान। हम रोज नहाते हैं और यह हमारी दिनचर्या का हिस्सा है। हमें खुद को साफ रखने के लिए रोजाना नहाना पड़ता है, दस दिन में

एक बार नहाने से हम गंदे, अयोग्य और बदबूदार हो जाते हैं। इसी प्रकार यदि हम प्रतिदिन प्रतिज्ञान करते हैं तो हम सकारात्मक मानसिकता रखेंगे अन्यथा हमारे विचार नकारात्मक होंगे और हमारी मानसिकता भी नकारात्मक होगी।

अच्छाई, अच्छे को आकर्षित करती है और बुराई, बुराई को , आइए इसे उदाहरण के साथ समझते है।

कचरे के साथ भरा हुआ गंदा कूड़ेदान, मक्खियों और कीड़ों जैसी गंदी चीजों को ही आकर्षित करेगा दूसरी ओर अगर यह कूड़ेदान साफ है और गंदा नहीं है तो यह मक्खियों और कीड़ों को आकर्षित नहीं करेगा।

हमारे विचार भी उसी तरह काम करते हैं। यदि हमारे मन में नकारात्मक विचार होंगे, तो यह अधिक नकारात्मकता को आकर्षित करेगा, नकारात्मक विचारों की एक श्रृंखला होगी और यदि यह सकारात्मक है, तो इसमें सकारात्मक विचारों की एक श्रृंखला होगी। इसलिए अपनी सकारात्मक मानसिकता को बरकरार रखने के लिए रोजाना अपनी पुष्टि कहना महत्वपूर्ण है।

तकनीक के इस युग में सूचनाओं की बौछार हो रही है और हम सभी इससे परेशान हैं। हमारे मन में विचारों का एक मानसिक बोझ है। हम आज-कल फोन के साथ खाते हैं, पीते हैं, सोते हैं और उसी के साथ उठते भी हैं, मुख्य रूप से स्मार्टफोन हमारे जीवन का एक एहम हिस्सा बन चुका है। सुबह उठते ही हम आंख खोलने से पहले अपने फोन को पकड़ने की कोशिश करते हैं और आंख खोलते ही, हम इसे चेक करते हैं लेकिन यह आदत बहुत खतरनाक है। जैसे ही आप उठते हैं, आप अपने फोन की स्क्रीन और संदेशों एवं समाचारों को देखते है जो हमे सुबह- सुबह नकारात्मक जानकारी दे देती है और एक नकारात्मक उत्तेजना देखते-देखते हमारे मस्तिष्क में प्रवेश कर जाती हैं। मन उस बिंदु पर सक्रिय हो जाता है यदि आप नकारात्मक समाचार और जानकारी देखते हैं, तो विचारों की श्रृंखला प्रतिक्रिया शुरू होती है और पूरे दिन बढ़ती रहती है। इसलिए, शुरुआती घंटों में खुद को किसी भी नकारात्मक ट्रिगर से बचाने के लिए, पुष्टि कहने की आदत विकसित करें। हर दिन सकारात्मक पुष्टि कहते हुए, सुबह सबसे पहले अपने दिमाग में सकारात्मकता को

भर दे।

सकारात्मक प्रतिज्ञान के कुछ उदाहरण जिनका प्रतिदिन अभ्यास किया जाना चाहिए

1.मैं दृढ़ हूँ।

2. मेरा इम्यून सिस्टम अच्छा है।

3.मैं मानसिक और शारीरिक रूप से फिट हूं।

4. मैं स्वस्थ और धनी हूँ

5. मैं सुरक्षित हूं।

6. मैं परमात्मा द्वारा संरक्षित हूं।

7. मैं जगत में प्रेम और आशा फैलाता/फैलाती हूं।

8. मैं साहसी हूं और स्थिति से लड़ने के लिए तैयार हूं।

9. मेरी रक्षा करने के लिए मैं भगवान का आभारी हूं।

10. मैं सभी नकारात्मकता से खुद को और दुनिया को ठीक कर रहा/ रही हूं।

उपर्युक्त प्रतिज्ञान बस कुछ उदाहरण हैं । आप अपने आवश्कता अनुसार अपने लिए अपनी पुष्टियों को फ्रेम कर सकते हैं और उसकी पुष्टि कर सकते हैं। रोजाना सुबह सबसे पहले पॉजिटिव अफर्मेशन कहने की यह छोटी सी खुराक लें और देखें कि आप अपने भीतर और अपने आसपास की ऊर्जा को कैसे बदलते हैं।

पुष्टि में अपने विश्वास को मजबूत करने के लिए, यह कहानियाँ पढ़ें,

रोहन नाम का एक छोटा सा लड़का था, वह हमेशा विमान से मोहित रहता था। हर बार जब वह उड़ने वाले विमान के शोर को सुनता था, वह अपने घर से बाहर भाग जाता था, और आकाश में हवाई जहाज को उड़ते हुए तब तक देखता रहता, जब तक कि वह उसकी दृष्टि से ओझल न हो जाया करता। जब भी ऐसा होता, वह अपने आप से कहता, "एक दिन, मैं भी एक विमान उड़ाऊंगा" पाँच साल की छोटी उम्र से लेकर सत्रह साल की उम्र तक, उसने बिना सोचे ऐसा किया। यहां तक कि घरवालों को भी

यह मूर्खतापूर्ण लगता था। 12वीं की पढ़ाई पूरी करने के बाद, उसने वायु सेना में शामिल होने के दृढ़ विचार के साथ रक्षा सेवाओं में शामिल होने के लिए फॉर्म भरा। समय बीतता गया और उसने अपनी परीक्षा के लिए अच्छी तैयारी की। हर दिन वह पढ़ता और दिन की शुरुआत नोटबुक के पेज के शीर्ष पर "मैं वायु सेना में हूं" लिखा करता था और उसके बाद प्रवेश पुस्तिका के अभ्यास का अभ्यास किया करता था। उसने परीक्षा के लिए वास्तव में अच्छी तैयारी की थी और एक सप्ताह के भीतर प्रवेश होना था। प्रवेश परीक्षा से पहले, उसके स्कूल के प्रिंसिपल ने उसका मार्गदर्शन करना चाहा क्योंकि वह एक सेवानिवृत्त कर्नल थे, उन्होंने इसे आखिरी मिनट के टिप्स दिए और रोहन ने उनकी सभी सलाह को स्वीकार कर लिया लेकिन जाने से पहले मुड़कर प्रिंसिपल से कहा "सर, भले ही इस शहर से एक ही चयन हो, पर वह मेरा होगा और किसी का नहीं", उसने बस इन शब्दों को दृढ़ता से कहा और घर वापस आ गया। उसने साक्षात्कार की तैयारी भी शुरू कर दी और उसे अपने टेप रिकॉर्डर में रिकॉर्ड किया, जैसा कि उन दिनों में होता था, वीडियो रिकॉर्ड करने के लिए कैम-कोडर उपलब्ध थे, और वह बहुत महंगे हुआ करता था, इसलिए उसने टेप-रिकॉर्डर का इस्तेमाल किया। वह खुद बोल उसे सुना करता और सुनने के बाद सुधार करने की कोशिश करता।

दिन बीतते गए और रोहन ने अपनी परीक्षा भी दे दी और कुछ दिनों बाद परिणाम बाहर आया और वह उसके प्रिंसिपल को दिए गए शब्दों से बिकुल मेल खाते थे। इस प्रवेश परीक्षा में वह अपने शहर से एकमात्र छात्र था जिसका वायु सेना में चुनाव हुआ था। आंखों में चमक लिए वह इस खबर को साझा करने के लिए प्राचार्य के पास गया। यह जानकर प्राचार्य को उसपर बहुत गर्व हुआ। रोहन की यह लघुकथा पुष्टि के जादू को साबित करने के लिए काफी है। पुष्टि कुछ और नहीं बल्कि एक सकारात्मक स्थिति है जिसे आप बार-बार एक ही बात कहकर अपने दिमाग के लिए निर्धारित करते हैं और मन को अवचेतन अवस्था में भी इसके बारे में सोचने के लिए प्रशिक्षित करता है और इसे प्राप्त करने का प्रयास करता है क्योंकि मन को चुनौतियों से प्यार है।

एक और कहानी है सिया की, जिसका विश्वास उसकी पुष्टि के माध्यम से दृढ़ हुआ था। यह खेलते समय अनजाने में किया गया था और इसने विश्वास का निर्माण किया और यह वास्तविकता में यथार्थ हो गया।

सिया के लिए स्कूल की तलाश जारी थी, क्योंकि दिल्ली में दाखिले अभी-अभी खुले थे, उसके फाइनल एग्जाम भी दरवाजे पर दस्तक दे रहे थे। सिया की माँ सोनल, चिंता से भरी थी क्योंकि दिल्ली के स्कूलों में दाखिले वास्तव में कठिन थे और किसी बुरे सपने से कम नहीं थे। उसने सभी प्रतिष्ठित स्कूलों का चुनाव किया और दिल्ली के शीर्ष पांच स्कूलों के लिए फॉर्म भरा। सोनल की चिंता का मुख्य कारण नए दाखिले के लिए होने वाली प्रवेश परीक्षा थी। उसने अपनी बेटी को उसके फाइनल के साथ-साथ प्रवेश परीक्षा के लिए भी तैयार करना शुरू कर दिया लेकिन एक विषय लगातार चिंता का कारण बनी हुई थी और वह थी हिंदी। महाराष्ट्र में हिंदी कक्षा 1 से शुरू होती है जबकि दिल्ली में नर्सरी से शुरू होती है, नतीजतन, दोनों राज्यों में पाठ्यक्रम में एक बड़ा अंतर था। अपनी चिंताओं को एक तरफ रखते हुए, उसने अपनी बेटी को जितना हो सके तैयार किया और आखिरकार मार्च के मध्य में दोनों माँ-बेटी परीक्षा देने के लिए दिल्ली चली गईं।

सिया ने बड़े आराम से प्रवेश परीक्षा दिया। उस स्कूल में तीसरी कक्षा के लिए केवल चार सीटें थीं और लगभग सत्तर छात्र परीक्षा के लिए उपस्थित हुए थे; इससे सोनल की चिंता और बढ़ गई। दिल्ली पहुंचकर सिया अपने पापा के साथ मस्ती कर रही थी। उसने आराम से प्रवेश परीक्षा दिया और उसके एक दिन बाद, वह अपनी मां के साथ पुणे वापस चली गई।

दिल्ली से लौटने के तुरंत बाद उसका फाइनल एग्जाम भी हो गया था। परीक्षा के बाद पुणे में टर्म ब्रेक शुरू हो गया था, इसलिए सिया के लिए आगे मौज मस्ती के दिन थे। सोनल भी शहर छोड़ने से पहले अपने सभी दोस्तों से एक-एक कर मिलने में व्यस्त थी, पर अभी भी उसका मन प्रवेश परीक्षा के दुविधा में फंसा हुआ था। इस चिंता को दूर करने के लिए, वह अक्सर सिया को पाठ्यक्रम की पढ़ाई करने के लिए कहती

थी क्योंकि दिल्ली में परिणाम नहीं आए थे और उसे अन्य स्कूलों में भी प्रवेश के लिए बैठना पड़ सकता था, लेकिन सिया कहती थी , " मां, चिंता मत करो, मेरा सिलेक्शन हो जाएगा।" जब भी यह सवाल किया गया तो यही जवाब आया।

सिया ने स्कूल के लिए नया बैग, बोतल और पेंसिल बॉक्स खरीदकर नए स्कूल की तैयारी भी शुरू कर दी। सोनल को कभी-कभी यह बहुत अजीब लगता था लेकिन सिया उस स्कूल में दाखिला लेने के एहसास में जीने लगी। उसने अपनी नई नोटबुक में उस स्कूल का नाम लिखते हुए भी देखा गया। वह ऐसा व्यवहार कर रही थी जैसे कि यह पहले ही हो चुका हो। सुबह से रात तक यही उसका रोज का खेल बन गया था। उसने अपने करीबी दोस्तों को यह भी बताया कि उसे प्रवेश मिल गया है और उसने स्कूल के नाम का उल्लेख किया । वह इस भावना में रहती थी कि यह सच है। मासूमियत में की गई इन सभी गतिविधियों को उसकी मां ने भी कभी-कभी रिकॉर्ड किया था और सिया उन रिकॉर्डिंग्स के रीप्ले को देखती थी, जिसमें वह उस स्कूल के नाम का उल्लेख करती है , जिसमें उसने अपना प्रवेश परीक्षा दिया था और अपनी डायरी में लिखा था कि मैं इस स्कूल में पढ़ती हूं । दो हफ्ते बाद ही उस प्रतिष्ठित स्कूल से फोन आया कि सिया का चयन उस स्कूल में हो गया है और स्कूल एडमिशन की औपचारिकताएं पूरी होने का इंतजार कर रहा है।

इस कहानी में सिर्फ विश्वास प्रणाली ने काम किया। सिया द्वारा अनजाने में खेलते समय पुष्टि की गई थी, और हर दिन उसे एक अच्छी भावना के साथ दोहराया जाता था, और यह एक जादू के रूप में काम करता था।

सिया कोई असाधारण छात्रा नहीं थी और न ही वह बहुत मेहनती छात्रा थी, वह सिर्फ एक औसत बच्ची थी, लेकिन किसी तरह उसके मासूम दिमाग ने किसी बात को सच मान लिया और यह सच हो गया। यह कोई जादू नहीं था। यह सिर्फ अवचेतन मन की शक्ति थी और दैनिक पुष्टि ने उसे उस विशेष तथ्य में विश्वास दिलाया और ब्रह्मांड ने उसे यह प्रदान किया।

इन दो कहानियों में कुछ बातें ध्यान देने योग्य हैं,

1. सिया और रोहन अपने आप से यह कहते हुए बार-बार पुष्टि करते रहे। उन्होंने इसे बार-बार खुद से और अपने आसपास के लोगों से भी कहा।

2. वे दोनों इसे हर दिन लिखते थे।

3. सिया की माँ ने कुछ वीडियो बनाए थे, उसने अपनी गतिविधियों की एक रील रिकॉर्डिंग के रूप में बार- बार देखी । दूसरी ओर रोहन अपनी गलतियों को देखने और उसमें सुधार करने के लिए अपने ऑडियो टेप सुनता था ।

जाने या अनजाने में, उन्होंने पुष्टि का सही रूप अपनाया और किया।

प्रतिज्ञान का अभ्यास करने के उचित प्रारूप में हर व्यक्ति को पुष्टि को पढ़ना या कहना है, उसका लेखन करना है, एवं सुनना या उसकी चल चित्र को देखना है। प्रतिज्ञान में हमारे अवचेतन मन को प्रभावित करने की इतनी शक्ति होती है कि यह असंभव कामों को संभव कर सकता है।

सकारात्मक पुष्टि करें।

9

कार्य सूची

आप सभी के पास दिन में चौबीस घंटे होते हैं। इन चौबीस घंटों में से आप औसतन आठ घंटे सोते हैं। सिर्फ सोने से आपके दिन का एक तिहाई भाग निकल जाता है। दूसरे शब्दों में, आप कह सकते हैं, हम सभी, अपने जीवन का एक- तिहाई भाग सोने में बिताते हैं। आप सभी के हाथ में केवल 16 घंटे है और आपको इसे बुद्धिमानी से खर्च करना चाहिए। क्या आपको लगता है कि ये सोलह घंटे आपकी जरूरत के लिए पर्याप्त नहीं हैं, और आपको अपनी नींद से एक या दो घंटे निकलना होगा, ताकि आप खुद को अधिक उत्पादक बना सकें। अगर आप ऐसा सोचते हैं? तो आप गलत हैं। कम नींद आपको आलसी बनाए रखेगी और आपकी कार्य कुशलता को प्रभावित करेगी। अपने दिमाग और शरीर को एक साथ रखने के लिए पर्याप्त नींद की आवश्यकता होती है, यानी कम से कम आठ घंटे। उत्पादकता बढ़ाने के लिए किसी विशेष दिन की जाने वाली सभी गतिविधियों को प्राथमिकता देनी होगी। एक अनियोजित दिन एक बहुत बड़ी बर्बादी है क्योंकि सही प्राथमिकताएं निर्धारित नहीं की जाती हैं।

दुनिया बहुत तेज गति से आगे बढ़ रही है और उस गति से मेल खाने के लिए, हम भी तेजी से भागती दुनिया के साथ भाग रहे है। हम में से सभी लोगो का दिन हमेशा व्यस्त होता है। कुछ दिन कार्यों की व्यस्तता ऐसी होती है की सांस लेने की भी फुर्सत नही मिलती। कई कार्यों को करने

का विचार मात्र आपके मन में अराजकता पैदा कर देता है। मन विचारो से लैस होता है और सभी कार्यों को करने के लिए लगातार संघर्ष कर रहा होता है। ऐसा होने पर व्यक्ति पैनिक जोन में चला जाता है। कई बार इतने सारे कार्यों को करने की चिंता अराजकता पैदा करती है और कोई भी कार्य ठीक से नहीं किया जाता है।

यह परिदृश्य बहुत आम है, जब कोई व्यक्ति बहुत से कार्य एक बार (मल्टीटास्किंग) कर रहा होता है। यह लोगों को पागल कर देता है, रक्तचाप को बढ़ा देता है, पैनिक अटैक दे जाता है, जिसके परिणामस्वरूप चिंता विकार आदि हो जाते हैं। यह सब बेचैनी पैदा करता है और परिणाम स्वरूप दिमाग अपनी पूरी क्षमता से काम नहीं कर पाता। केवल एक टू-डू सूची बनाकर इन सभी समस्याओं को कम किया जा सकता है। एक टू-डू सूची एक शेड्यूल के साथ-साथ किए जाने वाले कार्यों की स्पष्टता प्रदान करती है। इसके अलावा, यदि आप किसी विशेष समय पर किए जाने वाले कार्य के लिए समर्पित स्लॉट आवंटित करते हैं तो यह आपके दिमाग के चीजों को सरल और अधिक व्यवस्थित कर देता है जिसके परिणामस्वरूप सभी अराजकता और चिंता गायब हो जाती है।

जब आप यह पहचानने में विफल होते हैं कि अपने समय का क्या करें तब टू-डू लिस्ट एक आदर्श साथी है। यह टू डू लिस्ट आपके दिन की गतिविधियों को प्राथमिकता देने और इसे अधिक उद्देश्यपूर्ण बनाने का एकमात्र तरीका है। ऐसा करने के बाद, दिन के अंत तक व्यक्ति अधिक उत्पादक और सहज महसूस करता है।

एक टू-डू लिस्ट को बनाए रखने से यह पता चलता है कि एक व्यक्ति पूरे दिन को कैसे बिता रहा है। बिताया गया दिन उद्देश्यपूर्ण था या बर्बाद हो गया। यह टू-डू सूची आपकी प्रगति पर नजर रखती है।

टू-डू लिस्ट एक नक्शे की तरह है जो आपको आपकी मंजिल तक ले जाती है और आपकी यात्रा की योजना का एक हिस्सा है।

यह कोई जादू की छड़ी नहीं है, लेकिन एक बार जब आप टू-डू सूची के अनुसार काम करने की आदत विकसित कर लेंगे तो आप उन चीजों का पता लगाएंगे जो जादुई रूप से हो रही हैं। कार्य सूची बनाने से

व्यक्ति लगभग सभी गतिविधियों के लिए समय निकालता है, जिसे करने का इरादा रखता है। जिन कार्यों में समय लगता है वे कम समय में व्यवस्थित हो जाते हैं। समय को टालने में बर्बाद नहीं किया जाता है बल्कि इसका पूरी तरह से भरपूर उपयोग किया जाता है।

टू-डू सूची के लाभ

1.अधिक उत्पादकता ।

2. कम अराजकता।

3. कम चिंता ।

4. अधिक संगठित ।

5. यह दिन की उद्देश्यपूर्णता की जाँच करता है।

6. यह आपकी प्रगति को ट्रैक करने में मदद करता है।

योजना बनाना हमारे इस सपनो के यात्रा का एक महत्वपूर्ण हिस्सा है, और उसे कार्यसूची के मदद से अच्छी तरह से नियोजित एवं क्रियान्वित किया जा सकता है। यह करने से हमे आपने गंतव्य तक पहुंचने में आसानी होगी।आप सभी अपने सभी सपनों, इच्छाओं को पूरा करने के लिए अपनी यात्रा में हैं, इसलिए टू डू लिस्ट के साथ अपने दिन-प्रतिदिन के जीवन की योजना बनाने में असफल न हों।

बेंजामिन फ्रैंकलिन की एक प्रसिद्ध कहावत है "यदि आप योजना बनाने में विफल रहते हैं, तो आप विफल होने की योजना बना रहे हैं ।"

10

आदतें

आदतें, आपके कार्य के गति को तेज या धीमा करती हैं, और आपको उसी अनुसार गंतव्य तक पहुंचाती हैं कभी जल्दी या कभी देर से। आदत का अर्थ है एक ऐसा कार्य, दिनचर्या या व्यवहार जो नियमित रूप से दोहराया जाता है और बाद में बिना किसी अतिरिक्त प्रयास के अवचेतन रूप से घटित होता है।

यह अच्छा या बुरा हो सकता है। अच्छी आदतें आपकी मदद करती हैं और आपकी यात्रा में आपका समर्थन करती हैं और इसे सुचारू बनाती हैं और आपको ग्लाइड भी करती हैं, जबकि बुरी आदतें स्पीड ब्रेकर की तरह होती हैं जो आपकी गति को धीमा कर देती हैं।

कोई भी चीज जिसमें किसी चीज को धीमा करने की शक्ति होती है या तेजी लाने में मदद करती है, उत्प्रेरक कहलाती है।

चलिए आपको स्कूल के दिनों के रसायन विज्ञान प्रयोगशाला में ले जाते हैं और आपके द्वारा किए गए प्रयोगों को याद करते हैं। किसी रसायन में कुछ पदार्थ मिलाने से अभिक्रिया की दर बदल जाती थी, इसने कभी दर बढ़ाई तो कभी घटाई, इन पदार्थों को उत्प्रेरक का नाम दिया गया। उत्प्रेरक में अभिक्रिया की दर को बदलने की शक्ति होती है।

आइए इस कहानी के साथ इसे आसान बनाते हैं।

रीता एक बहुत ही धार्मिक महिला थी, वह हर पूर्णिमा के दिन, अपने घर पर पूजा और हवन करती थी। उनका एक पांच साल का पोता भी था, जो लगातार उनके साथ रहता था जिसका नाम राज था। राज उनके परछाई की तरह उनके साथ रहता था। यह पूर्णिमा का दिन था और हमेशा की तरह कथा के बाद हवन अनुष्ठान किया जाना था ।

जब हवन पूजा की प्रक्रिया चल रही थी, राज ने एक शरारत के बारे में सोचा, और हवन-कुंड के पास कटोरी में रखा एक स्पष्ट तरल पदार्थ हवन में डाल दिया। उसी क्षण एक बड़ी आग भड़क उठी क्योंकि कटोरी में तरल पदार्थ घी था , जो अत्यधिक ज्वलनशील था। राज बड़ी लौ से डर गया और दूसरे कमरे में भाग गया, कुछ क्षण बाद, पूजा करने वाले पुजारी ने मंत्रों के साथ फिर से कुछ स्पष्ट तरल पदार्थ छिड़का और आग पर काबू पा लिया गया, हालांकि राज बगल के कमरे में भाग गया था लेकिन वह दरवाजे से झाँक रहा था और यह उसे एक जादू जैसा लग रहा था। उसने सोचा, यह कैसे हुआ, जब उसने आग में कुछ स्पष्ट तरल पदार्थ डाला, तो आग की लपटें बड़ी हो गईं, लेकिन जब पुजारी ने कुछ और स्पष्ट तरल पदार्थ छिड़का, तो आग की लपटें कम हो गईं। यह सवाल उसे परेशान कर रहा था। वह पूजा खत्म होने का इंतजार कर रहा था, और जैसे ही पुजारी पूजा की रस्में पूरी करने के बाद घर से निकला, राज दौड़कर अपनी दादी के पास गया और एक-एक करके उनसे सवाल पूछे।

"ऐसा क्या था जो मैंने आग में डाला", दादी ,और इसने लपटों को बड़ा और ऊंचा कर दिया?

और ऐसा कौन सा जादू पुजारी ने किया था , जिसने आग को फिर से छोटा कर दिया?

कृपया मुझे बताएं कि यह कैसे हुआ, दादी?

इस छोटे से बच्चे से पूछे गए सवालों से दादी हैरान रह गईं। उसने उसे बैठाया और समझाया कि उसने आग में घी डाला है और पुजारी ने उसमें पानी डाला है।

इन दोनों पदार्थों की अलग-अलग विशेषताएं हैं: एक इसकी प्रतिक्रिया की दर में वृद्धि करता है और दूसरा इसकी दर को कम करता

है। यह समझने के लिए वह लड़का वास्तव में अभी छोटा था, इसलिए दादी ने आगे कहा, देखो आपकी कक्षा में आपके कुछ दोस्त हैं और आपकी कक्षा के कुछ छात्र आपके दोस्त नहीं हैं। जब आप अपने दोस्त के साथ होते हैं तो आप क्या करते हैं? आप बाते करते हैं, खेलते हैं, पढ़ते हैं और आनंद लेते हैं। समय बहुत तेजी से गुजरता है और आप उस दोस्त के साथ बहुत अच्छा महसूस करते हैं, ठीक है ना। लड़के ने कहा, "हाँ दादी"। दादी ने फिर पूछा, "क्या होता है जब आप अपनी कक्षा के किसी ऐसे छात्र के साथ बैठते हैं, जिसे आप बिल्कुल भी पसंद नहीं करते हैं। आपका झगड़ा हो जाता है या आप उससे झगड़ा करते हैं और उसके साथ पढ़ाई करना मुश्किल लगता है और ऐसा लगता है कि समय नहीं बीत रहा है, सब कुछ उबाऊ लगता है और एक बोझ सा मालूम पड़ता है।

इसी प्रकार, जब अग्नि को घी का साथ मिलता है तो वह एक अच्छे दोस्त के साथ का आनंद लेती है, और काम तेजी से करती है और बड़ी-बड़ी लपटें बनाती हैं। दूसरी ओर, जब आग को पानी का साथ मिलता है तो, क्युकी वो दोस्त नही इसलिए वह उबाऊ और बोझ से भरी हुई लगती है और काम नहीं करती और उसकी लौ कम हो जाती है। दादी ने आगे कहा, इन पदार्थों को उत्प्रेरक कहा जाता है। उत्प्रेरक के पास किसी भी कार्य की गति को बढ़ाने या घटाने की शक्ति होती है। इस छोटे से उदाहरण से राज समझ गया कि दादी ने क्या कहा।

आदतों के साथ भी ऐसा ही है, हमारी कुछ अच्छी आदतें होती हैं और कुछ बुरी। अच्छी आदतें अच्छे दोस्तों की तरह होती हैं, और यह खुशी के साथ हमारे प्रदर्शन को तेज करती हैं। दूसरी ओर, बुरी आदतें बुरे दोस्तों की तरह होती हैं और ऐसी कंपनी में कुशलता से काम करना मुश्किल लगता है। इस लिए अच्छी आदतें डालें और बुरी आदतों से छुटकारा पाने की कोशिश करें क्योंकि आदतें हमारे विकास और प्रदर्शन में उत्प्रेरक हैं। यदि आप अपने सपनों को साकार करना चाहते हैं, सच करना चाहते हैं और उन्हें वास्तविकता बनाना चाहते हैं, तो अच्छी आदतों के उत्प्रेरक खुद में डाल दें और बुरी आदतों से दूर रहें।

"प्रेरणा आपको काम को शुरू करने में सहायक होती है, जबकि आदत आपको काम को करते रहने में सहायक होती है" – जिम युन

11

खुशी

खुशी कस्तूरी मृग है।

कस्तूरी मृग हिमालय क्षेत्रों में पाए जाने वाले हिरणों की एक श्रेणी है। यह अपनी कस्तूरी ग्रंथि के लिए प्रसिद्ध है। यह केवल नर हिरण के पास होता है। कस्तूरी ग्रंथि के कारण शिकारियों द्वारा इसका शिकार होने की संभावना बनी रहती है।

कस्तूरी मृग, सुगंध की तलाश में इधर-उधर भटकता रहता है। यह जंगल के एक छोर से दूसरे छोर तक उसी तलाश में दौड़ता है। जिस सुगंध का वह दीवाना है, वह उसी के ही कस्तूरी ग्रंथि से आती है, इस बात से अनजान, उसकी तलाश में वह लगा रहता है। आपकी खुशी भी कस्तूरी मृग की तरह है; यह आप में से प्रत्येक में मौजूद है और आप इसे खोजने के लिए एक स्थान से दूसरे स्थान पर भटकते रहते हैं। आप अपनी खुशी को कई चीजों पर निर्भर रखते हैं और आप में से अधिकांश इसे बाहरी कारकों पर निर्भर कर बैठते हैं।

खुशी के बारे में दृष्टिकोण एक व्यक्ति से दूसरे व्यक्ति में भिन्न होता है। कभी-कभी आप इसे भौतिक चीजों से जोड़ते हैं जबकि अन्य

इसे भावनात्मक कारकों से जोड़ते हैं। जब आप खुशी की बात करते हैं तो लोगों के अलग-अलग नजरिया हो सकते हैं, पर हर कोई इस बात को मानने को राजी हो जाता है कि खुश रहना जरूरी है। जब पूछा गया कि खुशी क्या है? आप में से प्रत्येक के पास से इसका अलग-अलग उत्तर आता है।

खुशी एक ऐसी चीज है जिसे, फोर्स = मास *डिस्टेंस (force = mass*distance) जैसे किसी स्थिर सूत्र तक सीमित नहीं किया जा सकता है। खुशी का कोई पक्का फार्मूला नही है। आप में से प्रत्येक के लिए खुशी की धारणा अलग है। खुशी ज्यादातर समय जीवन के सुखों में उलझी रहती है। आप सभी सुखों को खुशी के रूप में जोड़ते हैं। आप इसे हमारी सभी खुशियों को सुखों के साथ संलग्न करते हैं लेकिन यह सच नहीं है कि आपके सारे सुख खुशी है। खुशी हम में से प्रत्येक के भीतर संतोष की भावना है। यह कस्तूरी मृग की कस्तूरी की तरह ही है, लेकिन हम इसे अपने शरीर के अंदर होने का एहसास किए बिना इसे बाहर ढूंढते है। खुशी, बाहर ढूंढने के बजाय आपको अपने भीतर खुशी का सार समझना चाहिए। खुशी ढूँढना एक बाहरी यात्रा के बजाय एक आंतरिक यात्रा है। आज से ही खुशियों की यात्रा शुरू करें। खुश रहने की आदत डालें। यह आपको हल्का अहसास देता है, बेहतर मानसिक स्थिति देता है, कम समय में सभी कार्यों को खुशी के साथ करने में आपकी मदद करता है। सपनों से मंज़िल की यात्रा में यह उत्प्रेरक है। खुशी को खुद के अंदर ढूंढे। वह कस्तूरी मृग के कस्तूरी की तरह आपके अंदर मौजूद है।

आइए इस कहानी से खुशी का स्वभाव समझते हैं।

आज काम पर राम का दिन बहुत खराब था इसलिए वह वास्तव में परेशान था। उसका एक प्यारा सा परिवार था लेकिन दिन भर की मेहनत के बाद, जब वह घर लौटा, वह बहुत थका हुआ था , उसने अपनी पत्नी और बेटी को उसे अकेला छोड़ने के लिए कहा। अकेले क्यों? क्योंकि उसका दिन खराब था। "वह परेशान था।", उसने उन लोगो से, उसे अकेला छोड़ने का अनुरोध किया। परिवार सहयोगी था इसलिए राम को आराम करने के लिए उचित समय देना ही परिवार के लोगो ने मुनासिब समझा। कुछ दिन बीत गए , जल्द ही राम ने अपने दैनिक जीवन के

दिनाचार्य को फिर से शुरू कर दिया, और उसके साथ परिवार के लोग भी, उसी दिनचर्या में लौट आए। एक दिन शाम को जब वह ऑफिस से आया तो खुश था और खुशी से नाच रहा था। यह देख उसकी बेटी उसकी ओर दौड़ी, उसके पास गई और तब उसने खुशी से छोटी बच्ची को गले से लगा लिया और उसकी बेटी ने पूछा, "पिताजी, आज आप इतने खुश क्यों हैं?"

राम ने अपनी पत्नी का नाम ज़ोर से पुकारा और कहा, "रश्मि, जल्दी आओ, मेरे पास एक अच्छी खबर है। रश्मि भी उत्तेजित होकर राम की ओर दौड़ी, और बोली, अब खुशखबरी बताओ।!

राम ने बड़े हर्ष के साथ इसकी घोषणा करते हुए कहा कि उन्हें एक पदोन्नति मिली और अब उन्हें उनकी कंपनी में एक जोनल हेड के रूप में नियुक्त किया गया है। उसके चेहरे पर खुशी झलक रही थी और उसका चेहरा चमक रहा था। राम ने आगे कहा, प्रिय तैयार हो जाओ, चलो बाहर चलते हैं और जश्न मनाते हैं।

यह दो अलग-अलग स्थितियों को उजागर करने वाली छोटी कहानी थी,

जिसमे पहली स्थिति में राम परेशान / उदास था और दुसरी स्थिति में प्रसन्न। जब स्थिति उदासी की थी, वह अकेला रहना चाहता था, दूसरी ओर जब वह खुश था, वह इसे दूसरों के साथ साझा करना चाहता था।

हम जब खुश होते है, हम उसे बांटना चाहते है और दुख में अकेले रहना चाहते है।

इस कहानी से हम क्या सीखते है ? मुख्य रूप से इस छोटी सी कहानी से हमे यह सीख मिलती है की खुशी का स्वभाव है बांटना, दूसरी ओर दुःख का स्वभाव एकांत में अलग रहना, दुख एकाकी और कंजूस है और वह बांटने से कतराता है। तो, खुशी मिलनसार है और वह लोगो से जुड़ना चाहती है और उसे बांटना अच्छा लगता है। इस जानकारी को दुनिया के साथ साझा करें। यात्रा को सरल और आसान बनाने के लिए ज्यादा से ज्यादा खुश रहें।

अब, जब आप जानते हैं कि खुशी अंदर का काम है और इसकी प्रकृति साझा करना और देखभाल करना है, तो अगले अध्याय में, मैं यह बताऊंगी कि कैसे खुशी आपको दूसरों से अलग बनाती है और खुश रहने से जुड़े कौन - कौन से लाभ है।

जो समय आप अपनी खुशी के लिए व्यतीत करते हो वो कभी व्यर्थ नहीं जाता।

— मार्थ -ट्रॉली-कर्टिन

12

खुश बनाम दुखी लोग

हम अक्सर आश्चर्य करते हैं कि कुछ लोग हमेशा खुश क्यों दिखते हैं और कुछ नहीं, तो आइए जानें, खुश लोग क्या करते हैं और दुखी लोग क्या करते हैं?

1. खुश लोग अपनी परिस्थितियों की जिम्मेदारी और पूरी जवाबदेही लेते हैं; वे अपनी असफलताओं के लिए दूसरों को दोष नहीं देते। दुखी लोग अपने जीवन में हर गलत के लिए दूसरे लोगों को जिम्मेदार ठहराते हैं। उनकी कोई जवाब देही ही नहीं है।

2. खुश लोग हर पल जीते हैं और जीवन की साधारण खुशियों का आनंद लेते हैं। दुखी लोग सब कुछ सही होने का इंतजार करते रहते हैं और समय उनके हाथ से निकल जाता है।

3. खुश लोग अच्छे निवेशक होते हैं। वे अपने समस्त कल्याण में निवेश करते हैं। वे अपने चारों ओर कल्याण का वातावरण बनाते हैं। व्यक्तिगत भलाई की जिम्मेदारी उन्हें पता है। वे जीवन को ईश्वर का एक उपहार मानते हैं और इसे बेहतर बनाने के लिए प्रयास करते हैं। दुखी लोगों को अपनी निजी भलाई के लिए समय निकालना मुश्किल होता है। वे दिए गए जीवन के उपहार के प्रति अनभिज्ञ होते हैं।

4. खुश लोग खुद से प्यार करते हैं; वे उनकी भलाई के लिए साकारात्मक कदम उठाते हैं। उनका आहार संतुलित होता है और वे फिट रहने के लिए रोजाना व्यायाम करते हैं। दुखी लोग अपने शरीर की देखभाल न करने के लिए भी दूसरों पर दोष मढ़ देते हैं।

क्यों, अजीब है ना?

5. खुशमिजाज लोग हमेशा नए कौशल हासिल करने के इच्छुक होते हैं। वे अपने कौशल और ज्ञान का उन्नयन करते रहते हैं। हैप्पी माइंड एक जिज्ञासु मन है और नई जानकारी की प्रतीक्षा करता है और जीवन भर सीखने के लिए खुला रहता है। दुखी लोग सोचते हैं कि वे सब कुछ जानते हैं और नया ज्ञान प्राप्त करने या नए कौशल लेने की कोई प्यास उनमें नहीं होती है।

6. खुश लोग संतुष्ट होते हैं। उन्हे दिखावे में विश्वास नहीं । वे तुलना करने वाले नहीं हैं और न ही धन के प्रतीक से ग्रस्त हैं, इसलिए वे बुद्धिमानी से पैसा खर्च करते हैं और पैसा बर्बाद नहीं करते हैं। दुखी लोग तो दिखावे के ही विश्वासी होते हैं। उन्हें प्रदर्शनियों का शौक है। वे धन के प्रतीकों से ग्रस्त हैं और अनावश्यक रूप से दिखावा करने में धन बर्बाद करते हैं। वे दूसरों के साथ अपने जीवन की तुलना भी करते हैं और इस आदत के कारण दुखी रहते हैं।

7. खुश लोग आशावादी होते हैं, वे छोटी-छोटी चीजों में भी अवसर देखते हैं। उनमें हर गतिविधि के लिए शक्ति से भरपूर उत्साह है। वे अपने डर से पंगु नहीं होते हैं लेकिन वे स्थिति को जीतने के लिए डर का मुकाबला करते हैं। वे विपरीत परिस्थितियों में भी अवसर देखते हैं। दुखी लोग अत्यधिक निराशावादी होते हैं, सकारात्मक परिस्थितियों में भी वे नकारात्मकता को बाहर निकाल देते हैं। हारने के डर से वे मानसिक रूप से पंगु हो गए हैं। उनकी मानसिकता अवसर और प्रतिकूलताओं को बदल देती है क्योंकि वे कोई भी जोखिम लेने से बचते हैं।

8. खुश लोग आभार और कृतज्ञता से भरे होते हैं। वे जीवन में अपने पास मौजूद छोटी-छोटी चीजों के लिए हर दिन कृतज्ञता का अभ्यास करते हैं। दुखी लोगों के पास जो कुछ है उसके लिए कृतज्ञता नहीं है। उनके जीवन से कृतज्ञता की भावना गायब है। वे कृतघ्न लोग हैं।

एक खुश व्यक्ति बनने की कोशिश करें क्योंकि खुश लोग अधिक उत्सुक, उत्पादक, फिट, सकारात्मक, मानसिक रूप से स्पष्ट होते हैं और यह सब आपको अपने सपनों से मंज़िल तक की यात्रा में मदद करता है।

जीवन में गति चाहिए तो सामान का बोझ को कम कर दो। यदि आप मन की शक्ति को अधिकतम करना चाहते हैं, आपको अपने मन में व्याप्त सभी बुरे विचारों का बोझ उतार देना चाहिए। हमारा दिमाग बिल्कुल कंप्यूटर की तरह है; सभी फाइलें मेमोरी में सेव हो जाती हैं। लेकिन अगर आप अपने सिस्टम में सभी भ्रष्ट फाइलों को सेव करते हैं तो सिस्टम का बोझ बढ़ जाता है और ठीक से काम नहीं कर पता। हम में से कई लोगों को कम उम्र में भी चीजों को भूलने की समस्या का सामना करना पड़ता है, ऐसा इसलिए होता है क्योंकि हमारा दिमाग भ्रष्ट फाइलों से भरा होता है। महत्वपूर्ण फाइलों की तुलना में भ्रष्ट फाइलों की संख्या अधिक है, इसके परिणामस्वरूप उपयोगी फाइलों को खोजने में कठिनाई होती है। सभी भ्रष्ट फाइलों को काटकर हमारे सिस्टम को हल्का करना जरूरी है। एक बार यह हो जाने के बाद महत्वपूर्ण फाइलों को खोजना आसान हो जाता है। जीवन सरलीकरण के बारे में है। कूड़ेदान में जो होना है उसे उसी में डालना चाहिए। कचरा जगह घेरता है, कुछ समय बाद सड़कर दुर्गंध छोड़ता है, बैक्टीरिया को आकर्षित करता है और बीमारियों का कारण बनता है।

हम अपने घरों को कचरे से साफ रखते हैं और दैनिक कचरे का निपटान करते हैं। इसी तरह, हम सभी को अपने मन के सभी कचरे का निपटान करना चाहिए और उन बीमारियों से बचाना चाहिए जो हमारे दिमाग को पकड़ सकती हैं। आइए अब भीतर बिखरी हुई सभी चीजों को हटा दें और व्यवस्थित करें। एक बार जब हम इसे कर लेते हैं, तो सब कुछ धीरे-धीरे अपनी जगह पर ठीक होने लगता है।

प्रसन्न मन तनाव को दूर रखता है।

तनाव, एक राक्षस है और यह कोर्टिसोल के स्तर को बढ़ाता है। एक उच्च कोर्टिसोल कई स्वास्थ्य स्थितियों को पैदा करने में उत्प्रेरक है। खुश रहने का परिणाम कम कोर्टिसोल है। अगर आप खुश हैं तो यह फायदे की स्थिति है। यह आगे की प्रतिक्रियाओं की श्रृंखला को काट देता है जिसके परिणामस्वरूप कई अन्य बीमारियां होती हैं। इस प्रकार, यह प्रतिरक्षा प्रणाली को बढ़ाने में सहायक है।शोध से यह भी पता चलता है कि खुशी लंबी उम्र से जुड़ी है। अगर आप अपने जीवन में और साल जोड़ना चाहते हैं तो खुश रहें।

अब ये सब बातें संबंधित हैं, है ना?

आइए बिंदुओं को जोड़ते हैं।

यदि आप खुश हैं, तो आप लंबे समय तक जीवित रहते हैं। यदि आप खुश हैं, तो आप अधिक उत्पादक हैं। अधिक उत्पादकता के साथ लंबा जीवन जीना इसके जैसा अच्छा कुछ नहीं हो सकता । आप एक लंबा जीवन जीते हैं, साथ ही आप उत्पादक हैं और अच्छी प्रतिरक्षा प्रणाली का मतलब है कि बीमारियों का खतरा कम है। ये तो लाजवाब है, क्यो है ना?

यह वास्तव में बहुत अच्छा है। अगर कोई खुश रहने का फैसला करता है तो यह पूरी तरह से जीत की स्थिति है, खुश रह कर तनाव, उच्च कोर्टिसोल, उच्च कोर्टिसोल से उत्पन्न होने वाले रोग, अनुत्पादक व्यवहार, बीमार पड़ने की पीड़ा से बचा जा सकता है। क्या आपके सपनों से मंज़िल तक की इस यात्रा में खुशी महत्वपूर्ण बात नहीं है? , बिल्कुल है।

इसलिए, जब आप अपना बैग पैक कर इस यात्रा पे निकलते हैं , तो आप यात्रा करते समय अपने साथ खुशियों को ले जाना ना भूलें। यह आपकी यात्रा को और अधिक मजेदार, और आसान बना देगी।

यह दुनिया एक शीशे की तरह है, अगर आप इससे नफरत करोगे तो यह आपसे नफरत करेगी वही अगर आप मुस्कराते है तो यह भी मुस्कराएगी ।

13

आदतें जो खुशी की ओर ले जाती हैं

हमारा शरीर और मन एक साथ वाहन की तरह हैं जिसमें हमारे विचार, इच्छाएं और सपने यात्रा करते हैं। किसी भी गंतव्य तक पहुंचने के लिए, एक व्यक्ति दो बिंदुओं के बीच की दूरी की यात्रा करता है, अर्थात् प्रारंभिक बिंदु और अंतिम बिंदु। जब भी आप अपनी कार से किसी भी गंतव्य की यात्रा करते हैं तो आप अपने वाहन पर ध्यान रखते है। यात्रा के बीच में किसी तरह की खराबी से बचने के लिए समय-समय पर वाहनों की चेकिंग की जाती है। इसी तरह, सपनों से गंतव्य तक की इस यात्रा में, मैं आप सबसे कर जोड़ कर के अनुरोध करती हूं कि आप अपने आप पर एक पैनी नजर रखें और खुद पर ध्यान दे ताकि यह यात्रा आपके लिए तेज हो और आप अपने सपनों से मंज़िल तक बिना किसी रुकावट के यात्रा कर सकें।

हम अपने वाहन का ध्यान रखते है, हम उसकी सर्विसिंग समय-समय पर करवाते है, उसी प्रकार हर एक इंसान को अपना ध्यान रखना होगा , अपने शरीर और मन को ठीक रखने के लिए यह बेहद जरूरी है।

निम्न लिखित बताए हुए आदतो को करने से आप एक स्वस्थ शरीर एवं मस्तिष्क पा सकते है।

1. व्यायाम

किसी भी रूप में व्यायाम आपकी मदद करेगा। क्या आपने कभी सोचा है कि जब आप टहलने जाते हैं तो आप अच्छा महसूस करते है या जब आप व्यायाम करते हैं तो आपको अच्छा महसूस होता है। ऐसा क्यों होता है?

क्या आपको पता है कि जब आप चलते हैं या व्यायाम करते हैं तो आपका ध्यान और आपके दिमाग की स्पष्टता क्यों बढ़ जाती है?

शोध से पता चलता है कि मानव शरीर को एक दिन में बारह मील चलने के लिए डिज़ाइन किया गया था। इसलिए, जब आप एरोबिक व्यायाम करते हैं तो हृदय गति बढ़ जाती है जिसके परिणामस्वरूप रक्त प्रवाह में वृद्धि होती है, जब आप चलते हैं तब भी शरीर में रक्त का प्रवाह बढ़ जाता है, क्योंकि आप जो गतिविधि कर रहे हैं, उसके कारण हृदय अधिक रक्त पंप करता है और यह रक्त आपके विभिन्न भागों, मस्तिष्क एवं शरीर में परिचालित होता है । इस प्रक्रिया में मस्तिष्क को अधिक ग्लूकोज और ऑक्सीजन मिलती है। मस्तिष्क में रक्त संचार भी बढ़ जाता है जिससे यह अधिक कुशल हो जाता है। जब रक्त संचार अच्छा होता है तो शरीर बेहतर ढंग से कार्य करता है, यह हमारे शरीर के सभी अंगों को ठीक वैसे ही गतिमान करता है जैसे किसी मशीन के अंग।

व्यायाम के बाद हार्मोन एंडोर्फिन रिलीज होता है, यह आपको अच्छा - अच्छा सा महसूस करवाता है। यह हार्मोन विशेष रूप से एक दर्द निवारक है। यही कारण है जब वे लोग, जिन्हे कमर दर्द , पीठ दर्द की शिकायत है, वो नियमित रूप से टहलने जाते हैं या व्यायाम करते हैं, तो उनको घुटने के दर्द, पीठ दर्द या पूरे शरीर में दर्द कम महसूस होता है। अधिक फिटनेस का अर्थ है अधिक शक्ति, अधिक उत्पादकता, अधिक सकारात्मकता, अधिक रचनात्मकता और अधिक स्पष्टता इसलिए यह आपको आपके लक्ष्यों को प्राप्त करने की और आपकी यात्रा में आपका समर्थन करता है।

"अपने शरीर का ख्याल रखें यह एकमात्र जगह है जहां आपको रहना है।" - जिम रन.

2. ध्यान

ध्यान मूल रूप से आपके मस्तिष्क को अधिक ध्यान केंद्रित करने और अपने विचारों को पुनर्निर्देशित करने के लिए प्रशिक्षित करता है। यह प्रक्रिया, अपने आप को अपने परिवेश के साथ तालमेल बैठाने मे मदद करता है। मेरे लिए पूरी जागरूकता के साथ लिखना ध्यान है, मेरी दादी के लिए यह उनकी पूजा है और मेरी चाची के लिए यह बागवानी करना है।

सवाल ये है, ध्यान का क्या अर्थ होता है?

ध्यान का अर्थ किसी भी एक विषय को धारण करके उसमें मन को एकाग्र करना होता है।

एक शब्द के रूप में ध्यान ने अपने लाभों के कारण इतनी लोकप्रियता हासिल की है, लेकिन शब्द का भारीपन ही इसे आजमाने में डर पैदा करता है। इससे जुड़ी बड़ी भ्रांतियां हैं, क्योंकि इसमें समय लगता है, इसे पकड़ना मुश्किल है आदि, लेकिन जैसे ही आप इसे रोजाना कम से कम 10 मिनट के लिए आजमाते हैं, आप अपने आप में अविश्वसनीय बदलाव देखते हैं। आपके निरंतर अभ्यास से ये परिवर्तन धीरे-धीरे आपके सामने आते हैं।

ध्यान एक ऐसी चीज है जिसे अनुभव किया जा सकता है और शब्दों में बयां नहीं किया जा सकता। ध्यान केवल आपकी सचेतन जागरूकता को वर्तमान के साथ जोड़ता है। आप सांस लेते हैं और आप इसके बारे में सचेत नहीं होते हैं, केवल सांस लेने पर ध्यान केंद्रित करने से यह एक सचेत प्रक्रिया बन जाती है और प्रभाव को ध्यान में बदल देती है। ध्यान उन सभी दीवारों को गिरा देता है जिन्हें आपने अपने चारों ओर एक वातानुकूलित दिमाग से बनाया है और आपको उन बाधाओं को नीचे रखकर नए दरवाजे खोलने का एक नया मौका देता है।

जितना अधिक आप ध्यान करते हैं आप अपने अंदर और बाहर को एक साथ लाते हैं और अपने आप को बेहतर पाते हैं। ध्यान से आपका मन शांत हो जाता है और जब काम की बात आती है तो शांत मन, मन की एक बेहतर स्थिति होती है

मन की शांति क्या करती है, इस लघुकथा के माध्यम से समझते हैं।

एक तालाब के पास गाँव का एक लड़का बैठा था। वह कुछ सोच रहा था। सोचते-सोचते उसने अपना प्रतिबिंब देखा और डर गया क्योंकि वह अपने ही विचारों में पूरी तरह से लीन था। वह अपने भविष्य के बारे में सोच रहा था क्योंकि उसने अभी दसवीं कक्षा पास की थी। वह पढ़ाई में अच्छा था लेकिन उसके पास आगे की शिक्षा के लिए पैसे नहीं थे । वह लोहार के एक बहुत ही गरीब परिवार से था और उसका परिवार किसी भी तरह से अपनी आजीविका जैसे तैसे चला रहा था । तीन समय का भोजन करना भी एक परेशानी थी, इसलिए शिक्षा के लिए पैसे की व्यवस्था करने का सवाल ही नहीं उठता। वह अपने पिता के अनुसार अब बड़ा हो चुका था, और उनके पिता अपने बेटे को एक कमाई करने वाले सहायक हाथ के रूप में देख रहे थे, लेकिन बेटे का सपना था कि वह आगे बढ़े और अपनी शिक्षा जारी रखे। इस चिंता ने उसे पूरी तरह से असंतुलित कर दिया था और उसके मन में एक रोष पैदा हो गया था। उसके दिल में उसके पिता के लिए घृणा और क्रोध था और वह सोचता था कि वह ऐसे परिवार में क्यों पैदा हुआ है, जहां तीन बार भोजन करना भी संभव नही हो पा रहा था।

वह अंदर ही अंदर गुस्से से उबल रहा था और अपने प्रश्न का हल खोजने में असफल था। वह क्रोधित और निराश था और इन दोनों चीजों ने उसे तालाब के करीब ला दिया था क्योंकि अब वह अपना जीवन समाप्त करना चाहता था। वह गुस्से में था और अपने जीवन को समाप्त करने की सोच रहा था और यह भी सोच रहा था कि उसके इस कदम के बाद क्या होगा। सोचते-सोचते उसने एक कंकड़ उठाकर तालाब में

फेंक दिया, जहाँ उसने एक क्षण पहले अपना प्रतिबिंब देखा था। जैसे ही उसने कंकड़ फेंका, उसे अपना प्रतिबिंब देखने को नहीं मिला, बल्कि पानी की सतह पर लहरें बन गईं, वह एक के बाद एक कंकड़ फेंकता रहा और अपना प्रतिबिंब देखने की कोशिश करता रहा लेकिन वह असफल रहा, वह कंकड़ फेंकते-फेंकते हुए थक गया और अपना प्रतिबिंब खोजता रहा लेकिन वह केवल कंकड़ फेंकने के बाद बनी लहरों को स्पष्ट देख पा सकता था। अब वह थक चुका था इसलिए थोड़ी देर बैठ गया और अपनी आँखें बंद कर ली और अपने जीवन में हुई सभी अच्छी चीजों को ध्यान से याद किया। वह आखिरी बार अपने माता-पिता के साथ अपने बचपन के दिनों को फिर से देख रहा था और अपने जीवन को समाप्त करने के लिए तालाब में कूदने का साहस जुटा रहा था। उसने अपनी आँखें खोलीं और कूदने ही वाला था की उसने अपना प्रतिबिंब देखा , वह एक पल के लिए रुक गया और फिर से बैठ गया। वह बैठ गया और सोचने लगा कि यह क्या जादू हुआ, अभी कुछ क्षण पहले वह अपने प्रतिबिंब को खोजने के लिए संघर्ष कर रहा था तो उसे वह दिखाई नहीं दिया और अब फिर से वापस प्रतिविंब नजर आ रहा है। उसने याद किया कि शांत पानी प्रतिबिंब दिखा रहा है लेकिन जब इसमें कंकड़ फेंके जाते हैं, तो यह प्रतिबिंब दिखाने में विफल रहता है। अब वह बात को समझ चुका था। वह रुका और उसने महसूस किया कि उसका मन अस्थिर था क्योंकि वह क्रोध, निराशा और चिंता से भरा हुआ था और इसलिए समाधान खोजने में असमर्थ था।

अब उसने फिर से आँखें बंद की और लंबी साँस लेना शुरू किया, उसने अपने मन को शांत किया और ऐसा करने के लिए उसने आंखें बंद कर लीं और गहरी सांसें लीं और कुछ नहीं सोचा। वह केवल सांस ले रहा था और उसने 10 मिनट के लिए उस पर ध्यान केंद्रित किया, वह बेहतर महसूस कर रहा था, उसकी चिंता, डर सब दूर हो गया और दूसरी पाली में स्कूल में पढ़ने का एक विचार उसके मन में आया, उसी क्षण उसने अपने पिता के साथ काम करते हुए, शिक्षा जारी रखने का फैसला किया। उसने शांत मन और दिमाग से सोचा और अपने प्रश्न का हल खोजने में सक्षम हो गया। वह ऐसा इसलिए कर पाया क्यों की वह समझ गया था

की मन तालाब के पानी जैसा था ,कंकर मारे जाने पर प्रतिबिंब गायब हो गई और स्थिर होते ही फिर से दिखाई देने लगी ।

"मन की शांति ज्ञान का सुंदर रत्न है", जैसा कि जेम्स एलन ने अपनी पुस्तक *"एज़ ए मैन थिंकथ"* में उल्लेख किया है। इस पुस्तक में शांति के लाभों का उल्लेख किया गया है और बहुत ही उचित तरीके से बताया गया है। उन्होंने बड़े ही सुन्दर ढंग से उल्लेख किया है कि *"शांत मन वाला व्यक्ति प्यासी भूमि में छाया देने वाले वृक्ष या तूफान में आश्रय देने वाली चट्टान के समान है।"*

आपके सपनों की इस यात्रा में मन की शांति महत्वपूर्ण भूमिका निभाएगी क्योंकि यह यात्रा आपके लिए एक रोलर कोस्टर की सवारी होगी। आप उचाइयो से प्यार करेंगे और चढ़ाव चढ़ते -चढ़ते कई बार आप गिरेंगे, यानी आप कई बार नाकामयाब होंगे और ये आपके हौसले को चकनाचूर कर देगी, यह भी हो सकता है कि आपको बार-बार शुरुआत करनी पड़े। अप्रत्याशित समस्याएं होंगी और सभी समस्याओं को संभालने की ताकत एक शांत मन से आएगी जो केवल ध्यान से ही संभव है। पूरे जोश के साथ अपनी यात्रा का आनंद लें और रास्ते में आने वाली सभी चुनौतियों से निपटने के लिए शांति के मंत्र को अपनाएं।

"एक आदमी जितना अधिक शांत होता है, उसकी सफलता, उसका प्रभाव, उसकी भलाई की शक्ति उतनी ही अधिक होती है। मन की शांति ज्ञान के सुंदर रत्नों में से एक है।"— जेम्स एलन

3.अपने खाने और पोषण का खयाल रखे

भोजन और पोषण हमारे शरीर के समुचित कार्य के लिए आवश्यक घटक हैं। शरीर को क्रियाशील रखने के लिए संतुलित आहार के रूप में उचित भोजन की आवश्यकता होती है। पर्याप्त मात्रा में अच्छा खाना खाने से आप स्वस्थ और बीमारियों से मुक्त रहते हैं। यह रोग प्रतिरोधक क्षमता को भी बढ़ाता है। एक बेहतर इम्युनिटी आपको लंबे समय तक फिट और क्रियाशील रखती है। यदि आप अपने भोजन और पोषण का उचित ध्यान रखते हैं तो यह आपको खुश रखता है और जैसे ही यह संतुलन बिगड़ता है व्यक्ति का व्यवहार बदल जाता है।

भोजन की कमी आप पर क्या असर डालती है यह एक बच्चे में भोजन की कमी होने के बाद सबसे आसान उदाहरण के तौर में दिखाई देता है। जब बच्चे को दूध पिलाने में देरी होती है, तो बच्चा कर्कश हो जाता है, रोना शुरू कर देता है, नखरे करता है।

यह आप सब में भी होता है, जब आप उचित खाद्य पोषण की श्रृंखला को बनाए नहीं रख पाते है, तो आपका मिजाज बिगड़ा हुआ और चिड़चिड़ा होते देख सकते हैं। यह सब हार्मोन डोपामाइन के कारण होता है जिसे रिवॉर्ड हार्मोन के रूप में भी जाना जाता है, यह भोजन खाने के बाद निकलता है जो आपको खुशी की भावना के साथ आपके मूड को ठीक रखता है।

आप अपना नाश्ता, दोपहर का भोजन और रात का खाना खाने के लिए एक निर्धारित समय का पालन करें। जब आप फिट और स्वस्थ होते हैं तो आप अपने लक्ष्यों की दिशा में लगातार काम करते हैं इसलिए अपने सपनों की मंजिल तक पहुंचना आसान हो जाता है।

हमारा शरीर भी एक वाहन है और इसे अच्छी स्थिति में चलाने के लिए हमें ईंधन को भोजन और पानी के रूप में डालना होगा।

"कोई अच्छा नहीं सोच सकता, अच्छी तरह से प्यार नहीं कर सकता है, अच्छी नींद नहीं ले सकता है, अगर उसने अच्छा भोजन नहीं किया है।"

- वर्जीनिया वुल्फ

4. रोजाना जल्दी नहाएं और तैयार हो जाएं

हम रोजाना नहाते हैं क्योंकि यह हमें तरोताजा और सक्रिय महसूस करने में मदद करता है। स्नान का समय महत्वपूर्ण है। कुछ लोग सोने से पहले स्नान करना पसंद करते हैं, कुछ शाम को और कुछ सुबह। स्नान का उद्देश्य शरीर को साफ और ताजा रखना है जैसा कि कई लोग सोचते हैं। लेकिन यह सिर्फ आपके शरीर को तरोताजा और साफ रखने के लिए नहीं है, इसके कई अन्य लाभ भी हैं और आप इससे अनजान हो सकते हैं । स्नान के समय का प्रभाव शरीर पर पड़ता है। सोने से पहले नहाना आपको शांत करता है और आपको अच्छी नींद देने में मदद करता है वहीं दूसरी ओर जब इसे सुबह जल्दी लिया जाता है तो इसके कई फायदे होते हैं, आइए आपको उन लाभों से अवगत करवाते है।

1 यह आपके दिन की शुरुआत ताजगी की एक अतिरिक्त खुराक के साथ करने में आपकी मदद करता है।

2 यह आपके शरीर से विषाक्त पदार्थों को धोता है।

3 यह रक्त परिसंचरण में सुधार करता है, जिसके परिणामस्वरूप आपकी चिंता और रक्तचाप शांत होता है।

4 यह सकारात्मक मनोदशा को बढ़ाता है, जब आप दिन की शुरुआत सकारात्मक मूड के साथ करते हैं तो अधिक सकारात्मकता का योग रहता है।

5 यह आपके मस्तिष्क के रचनात्मक प्रवाह को बढ़ाता है

6 शांति, सकारात्मकता और रचनात्मक प्रवाह के साथ आप अधिक उत्पादक और कुशल होते हैं।

स्नान करना, आपके घर की सफाई करने और अपने घर के बाहर कचरा निकालना जैसा है। जैसे आप हर दिन करते हैं। अगर आप अपने घर को गंदा छोड़ते है और घर में कचरा रहने देते हैं तो यह मक्खियों और बैक्टीरिया को आकर्षित करता है। हमारे शरीर के साथ भी ऐसा ही होता है। जैसे ही आप सुबह जल्दी स्नान करते हैं, आप मानसिक और शारीरिक रूप से सभी तरह से तरोताजा और स्वच्छ होते हैं।

आपको दो बार स्नान करने से किसी ने नहीं रोका है, जब आपको ज़रूरत हो तो आप स्नान लें लेकिन सुनिश्चित करें कि आप सुबह जल्दी स्नान अवश्य करें। जल्दी स्नान करने के बाद हर दिन तैयार हो जाओ। सोने के समय के कपड़ो को पहने अपना आधा दिन न बिता दे। अक्सर लोग घर में नाइटी, नाइट सूट पहन अपना दिन निकाल देते है। ऐसा न करे, तैयार होने के अपने फायदे हैं और अगर आप सुबह जल्दी स्नान कर के तयार हो जाते हैं तो इस से अच्छा कुछ भी नहीं है।

यह आदत आपको अपने दिन को सबसे अच्छे तरीके से निकालने में मदद करेगी। भारत, संस्कृति और परंपराओं का देश है। यहां हम दिन की शुरुआत नहाने और स्वच्छ कपड़े पहनने की आदत से करते है। यह ज्ञान हनुमान चालीसा की चौपाई में भी छिपा है। हनुमान चालीसा 40 चौपाई का एक संकलन है जिसमें बहुत सारा ज्ञान छुपा है।

हनुमान चालीसा में एक चौपाई है, जो आपके दिन की शुरुआत के साथ ही तैयार होने के महत्व पर प्रकाश डालता है।

यह कहता है,

"कंचन बरन बिराज सुबेसा"

कानन कुंडल कुंचित केसा। ”

इसका अर्थ है आपका शरीर सोने की तरह चमकदार है, और आप उस पर स्वच्छ एवं अच्छे कपड़े पहनते हैं, आप अपने कानों में आभूषण के रूप में कुंडल पहनते हैं और आपके बाल बड़े सलीके से बने हुए हैं। यह तैयार होने के फायदों को ही दर्शाता है।

आज के दौर में आपकी प्रगति इस बात पर निर्भर करती है कि आप कितने अच्छे और यथोचित (प्रेजेंटेबल) हैं। आपके पास सही प्रतिभा के साथ-साथ खुद को प्रस्तुत करने की योग्यता भी होने चाहिए। अगर आप आपने गुण प्रस्तुति के योग्य नहीं हैं तो यह निश्चित रूप से आपके करियर ग्राफ को प्रभावित करेगा। जीवन में सफलता प्राप्त करने के लिए, आपका व्यक्तित्व सुन्दर होने के साथ-साथ आपकी बौद्धिक क्षमता को प्रस्तुत करने के योग्य भी होना चाहिए।

तो, क्या आप स्वच्छ अच्छे कपड़े पहनते हैं, और प्रेजेंटेबल हैं?

यह ज्ञान संतों और ऋषियों के युग से ही चली आ रही है, लोग इसका पालन कर रहे हैं और लाभ उठा रहे हैं। वैश्वीकरण और आधुनिकीकरण के युग में यह ज्ञान पश्चिमी संस्कृति के ग्लैमर के नीचे कहीं खो गया है। यह मूल बातों पर वापस जाने और हमारे पूर्वजों द्वारा किए गए कार्यों का पालन करने का समय है।

आधुनिक युग में प्रेजेंटेबिलिटी बहुत मायने रखती है। यदि आप अच्छे कपड़े पहने और खुद को सुंदर ढंग से प्रस्तुत करने योग्य हैं तो आपने आधी लड़ाई जीत ली है।

5.नींद

नींद को अक्सर खुशी का एक महत्वपूर्ण कारक नहीं माना जाता है और यही सबसे बड़ी गलती होती है। कुछ लोग नींद से समझौता कर लेते हैं बिना यह जाने कि इससे क्या परिणाम हो सकते हैं और यह घातक हो सकता है। नींद से समझौता करने की यह गलती न करें। आठ घंटे की उचित नींद महत्वपूर्ण है। ठीक से नींद न लेने से हमारा सिस्टम अस्त-व्यस्त हो जाता है; यह अपनी इष्टतम क्षमता के अनुसार कार्य करने में विफल रहता है। नींद मूल रूप से रखरखाव के घंटे हैं जिनकी हमारे शरीर को जरूरत होती है। जब हम सोते हैं तो शरीर को सफाई, मरम्मत और ऊर्जा (ईंधन) भरना होता है और जब हम अपने सोने के घंटों में कटौती करते हैं तो मरम्मत, सफाई और ईंधन भरने में बाधा आती है।

आइए इसे एक कहानी से समझते हैं

राहुल और रुचि भारत से दुबई छुट्टियां मनाने गए थे। उन्होंने एक रात की उड़ान भरी, और वे सुबह दुबई, अपने द्वारा बुक किए गए होटल के रिसेप्शन पर पहुँचे। हालांकि वे गंतव्य पर पहुंच गए, लेकिन होटल का कमरा आवंटित नहीं किया गया था । चेक-इन का समय सुबह 10 बजे था और अभी सुबह 8 बजे थे। वे जानते थे कि अतिथि पहले ही कमरे से निकल चुका है, लेकिन फिर भी उन्हें चेक-इन करने से पहले दो घंटे तक इंतजार करना पड़ा। जब उन्होंने रिसेप्शन पर पूछताछ की, तो प्रबंधक ने कहा, अतिथि ने चेक आउट किया लेकिन एक प्रोटोकॉल के रूप में उन्हें कमरे को साफ और सुंदर करना होता है। अगले मेहमान के लिए कमरे को साफ और ताज़ा तैयार किया जाता है, इसमें दो घंटे तक का समय लगता है। कौतूहलवश राहुल ने पूछा कि वे क्या करते हैं, जिसमें दो घंटे तक का समय लगता है। स्वागत प्रबंधक ने उसे बताया कि कीटाणुनाशक के साथ कमरे और बाथरूम की गहरी सफाई की जाती है ताकि यह सुनिश्चित हो सके कि अगले अतिथि को कोई असुविधा न हो। पानी, प्रसाधन और अन्य बुनियादी वस्तुओं की आपूर्ति की जाँच की जाती है ताकि यह सुनिश्चित हो सके कि अतिथि आराम से रह सके। अतिथि के कमरे को तैयार किया जाता है और कमरे की ताजगी बढ़ाने के लिए फ्रेशनर का छिड़काव किया जाता है, ताकि आने वाले मेहमान को पता न चले कि इस कमरे में पहले कौन रह रहा था। यह साफ और ताजा होना चाहिए, जो कमरे में चेक-इन करने वाले अतिथि के वाइब्स को सकारात्मकता से जोड़ता है।

यह सब विवरण देते हुए समय बीत गया और इस प्यारे जोड़े के लिए अपने आवंटित कमरे में चेक-इन करने का समय आ गया। उन्होंने आवंटित कमरे में चेक-इन की और ताज़ा व सकारात्मक वाइब्स का आनंद लिया और इसने, उनके प्रवास को सुखद और यादगार बना दिया।

जब आप सोते हैं तो आपके शरीर के साथ ठीक ऐसा होता है। शरीर ईंधन भरता है और खुद की मरम्मत करता है और अगले दिन के लिए तैयार हो जाता है। हम सभी सबसे पहले अपने शरीर में रहते हैं, इसलिए

इसकी देखभाल करें और इसे ठीक से काम करने में मदद करें ताकि यह ठीक से काम करे और लंबे समय तक चले।

अधिक सपने देखने के लिए अधिक सोएं।

6.अपने आप को प्रकृति से जोड़े ।

प्रकृति अपने आप में प्रचुर मात्रा में है, हम जिस चीज की लालसा करते हैं वह प्रकृति में उपलब्ध है और इसी गुण के कारण इसे प्रकृति माँ कहा जाता है। प्रकृति के वनस्पतियों और जीवों के सामने खुद को उजागर करना खुशी की भावना लाता है। यदि आप धूप और ताजी हवा से बचने के लिए घर के अंदर रहते हैं, तो कुछ समय बाद आप उदास महसूस करने लगते हैं। जब आप अपने आप को प्रकृति के संपर्क में लाते हैं, तो आप अपने परिवेश के साथ बेहतर तालमेल में होते हैं। जब यह किया जाता है तो सेरोटोनिन जारी होता है, जो मूड को स्थिर करने के लिए जिम्मेदार हार्मोन होता है।

कुछ गतिविधियाँ जो इस हार्मोन को छोड़ती हैं, वे हैं सूर्य का संपर्क, माइंडफुलनेस, प्रकृति का प्रदर्शन, ध्यान। केवल जब आप अच्छे मूड में होते हैं तो आप रचनात्मक और कुशल होते हैं और यदि ऐसा नहीं है तो जलन और विनाशकारी विचारों के लिए आपके दिमाग मे एक जगह होती है। जब आप अच्छे मूड में होते हैं तो आप उन कार्य को भी करने को तयार होते है जिनसे आप नफरत करते है। आप अच्छे मूड में पूरे जोश के साथ काम करते हैं, लेकिन जब खराब मूड का चक्र आता है तो जिस काम से आप प्यार करते है, वह भी आपको बोझ लगने लगते हैं। आप उपद्रव करते हैं और अपनी शांति और खुशी को खराब कर लेते हैं।

आइए इस कहानी से समझते हैं

आन्या एक कंप्यूटर इंजीनियर थी और अपने काम में काफी व्यस्त रहती थी। उसे यात्राओं और छुट्टियों पर जाने के लिए मुश्किल से ही समय मिलता था। घूमने तो नही पर, वह सुबह-सुबह सैर पर जाया करती और पूरा दिन ऑफिस में बिताती थी। खुद के लिए खाना बनाना भी उसे एक बड़ा बोझ लगता था इसलिए उसे अपना खाना बाहर से

मंगवाना पसंद था ।

उसकी दोस्त नताशा उससे मिलने के लिए अमेरिका से आई थी और उसे ग्लूटेन एलर्जी की शिकायत थी, जिससे वह बाहर का खाना खाने में अक्षम हो गई थी। नताशा ने आन्या को यह कहा की कि उसके लिए बाहर खाना असंभव होगा और केवल अगर आन्या को उसके लिए खाना बनाना अच्छा लगेगा तभी वह उससे मिलने आएगी। आन्या उत्साहित थी जब उसने सुना कि नताशा, जो बचपन से उसकी दोस्त है, उससे मिलने आ रही है। एक दोस्त को एक दोस्त से मिलने की खुशी ने उसे अपनी कमियों को भुला दिया। आन्या जानती थी कि उसे खाना बनाना पसंद नहीं है, लेकिन अच्छे मूड में होने के कारण उसने खुशी-खुशी उसके लिए खाना बनाने का संकल्प लिया। यह सब हर्षित मिजाज के कारण हुआ। नताशा तीन दिनों के लिए उसके घर आई, दोनों ने साथ में खूब मस्ती की।

धीरे-धीरे आन्या अपने ऑफिस के काम में व्यस्त हो गई और खाना ऑर्डर करने का सिलसिला फिर से शुरू हो गया। उसने सैर पर जाना भी बंद कर दिया। वह अपने काम की प्रतिबद्धताओं के कारण घर के अंदर रहती थी। एक रविवार , उसकी पड़ोसी जिसे आन्या अपने दिल की गहराई से पसंद करती थी, ने घंटी बजाई। आन्या के पास एक चालू परियोजना थी और यह उसके जीवन में बहुत तनाव पैदा कर रहा था, उसका मूड खराब था, उसके पड़ोसी ने सिर्फ एक कटोरी चीनी मांगी, चूंकि आन्या तनाव में थी और अच्छे मूड में नहीं थी, इसलिए उसने अपने पड़ोसी के साथ दुर्व्यवहार किया, जिसने अतीत में उसकी कई बार मदद की थी। हालाँकि आन्या का ऐसा करने का इरादा नहीं था, लेकिन काम के दबाव और अपने सीनियर्स की डांट के कारण, वह एक खराब मूड में थी और उसने दुर्व्यवहार किया। कुछ दिनों के बाद जब उसका प्रोजेक्ट खत्म हो गया और काम का दबाव कम हुआ तो आन्या फिर से सुबह सुबह सैर करने लगी तब उसे अपनी गलती का एहसास हुआ। एक हाथ जो हमेशा उसके पास मदद के लिए रहता था उसके साथ बदसलूकी की गई और उसने उससे दूरी बना ली थी। उसने महसूस किया कि उसने अपने पड़ोसी के साथ दुर्व्यवहार किया और यह सही नहीं था।

इस व्यवहार ने उनके रिश्ते में दरार पैदा कर दी। बाद में आन्या ने अपने व्यवहार के लिए उससे माफी मांगी और चीजों को उसके लिए पहले की तरह ठीक किया। मूड रिश्तों को बनाता और तोड़ता है, अपने मूड को चेक करना जरूरी है।

प्रकृति की सैर के साथ आपका मूड बदलता है और यह बढ़ी हुई रचनात्मकता के कारण कठिन चीजों को सरल बनाता है। मूड आपके इस यात्रा में एक महत्वपूर्ण भूमिका निभाता है। अच्छा मूड आपको रचनात्मक बनाता है और बुरा आपको विनाशकारी बनाता है। जब आप सपनों से मंज़िल तक की इस यात्रा में हों तो अपने मूड की जांच करें क्योंकि आपका अच्छा मूड आपकी रचनात्मकता और दक्षता को बढ़ाएगा और आपकी मदद करेगा जबकि खराब मूड आपको वापस चार कदम पीछे खींच लेगा और विनाशकारी चीजें करेगा जो आपकी प्रगति को धीमा कर सकती हैं और मंजिल तक की यात्रा आपको दूर एवम कठिन लगेगी।

धूप और प्रकृति में सैर करना आपके मूड को स्थिर करता है, पार्क में टहलते समय सामाजिकता, ऑक्सीटोसिन हार्मोन की रिहाई में मदद करता है, जो आपके मूड को ऊपर उठाने में मदद करता है, नियमित रूप से वॉक पर जाना एक रूटीन सेट करता है और एक कार्य को पूरा करने और एक लक्ष्य को पूरा करने की भावना देता है। प्रकृति में सैर करना डोपामाइन की रिहाई में मदद करता है ,जो एक लक्ष्य को प्राप्त करने या अच्छा खाना खाने के बाद निकलने वाला रासायनिक पदार्थ है,जो एक इनाम रसायन है। तो अब बिंदुओं को जोड़े और सक्रिय रहने और प्रकृति के समुख खुद को उजागर करने के फायदे देखें।

एक अच्छी आदत दूसरी अच्छी आदतों को खींचती है। यह सकारात्मकता की एक श्रृंखला बनाता है और आपके यात्रा को सुखद बनाता है।

14

अपने आप में निवेश करें

अपने आप में निवेश करना अब तक का आपके द्वारा किया गया सबसे अच्छा निवेश है। इस निवेश के बाद आपको सबसे अच्छा परिणाम मिलता है। आपका शरीर एक इकाई है। जिस तरह आप एक घर में रहते हैं ठीक वैसे ही आपकी आत्मा आपके शरीर में रहती है। मन आपके शरीर में रहता है और इसी तरह सभी अंगों के लिए आपका शरीर घर है।

आप जो कुछ भी इस शरीर के अंदर डालते हैं उसका असर होता है। अगर आप अच्छा खाएंगे तो आप स्वस्थ और मजबूत होंगे, अगर आप गलत खान-पान में लिप्त रहेंगे तो यह आपको अस्वस्थ बना देगा। यदि आप रोजाना व्यायाम करते हैं, तो आप अपनी मांसपेशियों को प्रशिक्षित करेंगे, जिससे वे मजबूत होंगी। ठीक वैसे ही यदि आप अपने कौशल को विकसित करने के लिए प्रयास करते हैं, तो आप सीखेंगे और ज्ञान अर्जित करेंगे और बाद में आप उस कौशल और ज्ञान से धन अर्जित करेंगे। जिस क्षण आप अपने कौशल को संवारने और तेज करने के लिए अपने आप में निवेश करने का निर्णय लेते हैं, धीरे-धीरे आप विकास की मानसिकता की ओर बढ़ते हैं। विकास की मानसिकता रखने वाले लोग जीवन के सभी क्षेत्रों में खुद को विकसित करने के लिए अलग-अलग

तरीके खोजते हैं और उन सब पर अमल करते है। वे जीवन के सभी पहलुओं में खुद को बेहतर बनाने, सफल होने के लिए कड़ी मेहनत करते हैं। वे उन लोगों से भिन्न होते हैं जिनकी एक निश्चित मानसिकता होती है । निश्चित मानसिकता वह नजरिया है जो उनको जितना वह जानते हैं उस तक सीमित रखता हैं और कुछ नया सीखने की उत्सुकता नहीं रखता। ये लोग परिवर्तनों के लिए खुले नहीं हैं, इसलिए वे परिवर्तनों से बचते हैं, एक परिणाम के रूप में वे कई वर्षों तक समान रहते हैं और ऐसा करने से वे नए अवसरों का उपयोग करने में विफल हो जाते हैं, क्योंकि उनमें उन कौशलों की कमी होती है। जमाना बहुत तेज गति से बदल रहा है, यदि आप विकास की मानसिकता को अपनाने में विफल रहते हैं तो आप कई चीजों से चूक जाते हैं इसलिए अपने आप को उस जमाने के साथ मेल खाने के लिए कौशल के साथ अपग्रेड करें जिसका आप हिस्सा है । कंप्यूटर के जमाने में टाइपराइटर से काम नही चलने वाला इसीलिए तेजी से भागती दुनिया के साथ अपने कदम को मिलाए और परिवर्तनों एवं अधिक नए अवसरों को अपनाए और उनका खुले दिल से स्वागत करें।

विकास की मानसिकता वाले लोग जीवन से अधिक प्राप्त करने के लिए खुद में निवेश करने में विश्वास करते हैं। आप जो कुछ भी निवेश करते हैं, मान लें कि उदाहरण के लिए: पढ़ना, यह आपको कई लाभ देता है। यह आपकी एकाग्रता में सुधार करने में मदद करता है, आपके जीवन को बेहतर बनाता है, आप लेखन के रूप में रखे गए वर्षों पुराने ज्ञान को प्राप्त करते हैं जब आप पढ़ते है।

विकास की मानसिकता आपको अपने आप में विकास के लिए जगह देती है और यह अपने आप में निवेश करने से होता है। यह आपके कौशल और क्षमताओं के कारण नई चीजों को आजमाने के डर को कम करता है, इसलिए आपको कुछ भी हासिल करने की क्षमता प्रदान करता है जिसे आप चाहते हैं या जिसका आपने सपना देखा है।

सपनों से मंज़िल तक के इस यात्रा में अपने आप में निवेश करने और एक विकास मानसिकता को अनुकूलित करने का संकल्प लें, ताकि आप खुद को अवसरों के बीच में रख सकें और आसानी से अपने गंतव्य तक

पहुंच सकें क्योंकि अब आपके पास इस निवेश के साथ ऐसा करने के लिए सभी उचित उपकरण मौजूद हैं।

"आप जो सबसे अच्छा निवेश कर सकते हैं, वह अपने आप में एक निवेश है। जितना अधिक आप सीखेंगे, उतना ही अधिक आप कमाएंगे।"- वॉरेन बुफे

15

डर, आस्था और विश्वास

आप सभी के दोस्त हैं; दोस्ती वह रिश्ता है जिसे आप सबसे ज्यादा पसंद करते हैं। आप सब अपने दोस्त के साथ मे हंसते - खेलते, और मस्ती करते है । ऐसा होता है कि जिस व्यक्ति के साथ आप दोस्त है, उनकी दूसरे लोगों के साथ भी दोस्ती होती है । इस प्रक्रिया में, आप सामान्य मित्रों की खोज करते हैं और फिर बाद में उनके साथ मित्र बन जाते हैं, यह केवल तब होता है जब आप जीवन में समान विकल्प साझा करते हैं अन्यथा आपका खुद, उनके साथ तालमेल बिठाना मुश्किल लगता है। हो सकता है कि आप उनके साथ दोस्त न हों लेकिन आपका कॉमन फ्रेंड ऐसे शख्स का दोस्त हो। मुझे आशा है कि आप में से कई लोगों ने इस स्थिति का अनुभव किया होगा। कॉमन फ्रेंड आपके और उस शख्स के लिए कॉमन है, जिस शख्स को आप नहीं जानते। जैसे आपका एक कॉमन फ्रेंड होता है, वैसे ही डर और आस्था का भी उनके जीवन में एक कॉमन फ्रेंड होता है। जी हाँ, बिल्कुल आपके और मेरे तरह, आस्था और डर का एक सामान्य मित्र है, जिसका नाम विश्वास है।

आस्था और विश्वास एक दूसरे के अच्छे दोस्त हैं और आस्था को प्रकाश पसंद है । दूसरी तरफ डर अंधकार में रहता है और डर और विश्वास भी एक दूसरे के अच्छे दोस्त हैं ।आस्था और डर एक दूसरे से

घृणा करते हैं और कमरे में साथ नहीं रहना चाहते। जहां आस्था होती है, डर दूर हो जाता है और जब डर रहता है तो आस्था वहा से चली जाती है।

लेकिन जब विश्वास आस्था के साथ आता है, तो विश्वास खुश होता है और खुशी में वो सीढ़ियाँ चढ़ना चाहता है और विश्वास आस्था की संगति में एक-एक करके सीढियां चढ़ता है। ऐसा इसलिए होता है क्योंकि यह आस्था के साथ प्रकाश को महसूस करता है और इसलिए यह तेजी से सीढ़ियां चढ़ता है और यह ऊंचाइयों तक पहुंचता है। वैसे ही जब ,डर और विश्वास दोनों दोस्त एक साथ होते है तब डर की संगति में विश्वास आलसी और भारी हो जाता है, अब उसे सीढ़ियाँ चढ़ना बहुत मुश्किल काम लगता है, इसलिए वह नीचे उतरने लगता है, क्योंकि डर को अंधेरा पसंद है, वह प्रकाश के विपरीत दिशा में अंधेरे की तरफ जाता है। यह एक कदम नीचे और नीचे जाता चला जाता है और अंधेरे की तलाश में और गहराई में जाता रहता है।

यहां आस्था और डर दोनों का एक साझा मित्र के रूप में विश्वास है , जिसकी संगत में दो अलग-अलग परिणाम प्राप्त हुए। एक प्रकाश की ओर ले जाता है और ऊपर और ऊपर जाकर ऊंचाइयों तक पहुंचता है और दूसरा गहरा और गहरा जाकर अंधेरे की गहराई तक पहुंच जाता है।

आप किसे चुनेंगे?

विश्वास के साथ आस्था को या विश्वास के साथ डर को!

आस्था के तीन बड़े प्रतिद्वंद्वी हैं और ये हैं संदेह, डर और निर्णय लेने की अक्षमता ,क्युकी दुश्मन का दुश्मन दोस्त होता है, ये तीन चीजें डर को और अधिक ताकत देती हैं और यह आस्था को आसानी से हरा देती है।

इसलिए डर , संदेह और अनिर्णय की जगह आस्था ,साहस और निश्चित निर्णय लेने की क्षमता को जगह दे।

अपने आस्था को अपने सभी डर पर विजय प्राप्त करने दें। यदि आप अपने सभी डर को हराने में सफल होते हैं, तो आप अपने सपनों से मंजिल तक की इस यात्रा में बाधाओं को पार करने में सफल होते हैं और अंत में अपनी मंजिल के अंतिम बिंदु पर पहुंच जाते हैं।

डर के आगे जीत है(माउंटेन ड्यू , विज्ञापन याद रखें ।)

16
संगति

"कम ज्यादा है, दोस्ती के मामले में इस सिद्धांत को लागू करें।"

अपने दोस्तों और लोगों की कंपनी को बुद्धिमानी से चुनें। ऐसी दोस्ती के तार को काटने में संकोच न करें, जो लोग दोस्त के वेश में हैं और आपके जीवन में कोई मूल्य नहीं जोड़ रहे हैं। मित्र विभिन्न आकारों में आते हैं, कुछ दोस्त तो बस टाइम पास होते हैं, वो सिर्फ अपने ख़ाली समय में या जब खाली होते हैं तो आपको याद करते हैं। जरूरत पड़ने पर वे कभी उपलब्ध नहीं होते। आधुनिक युग में दोस्ती के पीछे का विचार बदल गया है। दोस्ती की प्राथमिक आवश्यकता भावनात्मक समर्थन नहीं बल्कि आपसी लाभ के लिए है। आधुनिक युग में दोस्ती ज्यादातर क्लबिंग, पार्टी करना, नेटवर्किंग, यात्रा, व्यापार आदि के लिए होती है। ऐसी दोस्ती के पीछे हमेशा एक गुप्त उद्देश्य छिपा होता है।

कुछ दोस्त दोस्त के वेश में होते हैं लेकिन असली दोस्त बिल्कुल नहीं होते। वे सिर्फ आपके जीवन और आपकी दैनिक घटनाओं को देखने में रुचि रखते हैं, उनका मुख्य उद्देश्य आपकी जीवन शैली पर नज़र रखना है। ऐसे दोस्तों से दूर रहें, जो आपके कीमती समय को गपशप कर बर्बाद करते है और ऐसे लोग गपशप की रानियां और बादशाह होते हैं। उन्हें

केवल दूसरों के नकारात्मक गुणों के बारे में बात करनी होती है मित्रता मूल रूप से किसी न किसी व्यक्ति द्वारा किसी न किसी लाभ के लिए होती है। बहुत ही दुर्लभ मामलों में दोस्ती शुद्ध होती है। उन मित्रों की तलाश करें, जो बिना किसी लाभ के आपके मित्र बनना चाहते हैं। दोस्ती निस्वार्थ और बिना शर्त होनी चाहिए, आप दोनों को दोस्त बनकर एक दूसरे से उनके अच्छे गुण सीखना चाहिए।

जब आप तथाकथित मित्रों की संगति में हों, जो बिल्कुल भी सच्चे मित्र नहीं हैं, तो ऐसे लोगों से मिलने के बाद अपने ऊर्जा के स्तर पर नजर और ध्यान रखें। क्या आपके ऊर्जा के स्तर में वृद्धि हुई है या आपके ऊर्जा स्तर में ह्रास हुआ है?

ऐसे दोस्तों से मिलने के बाद अगर आपके ऊर्जा में बढ़ावा मिलता है तो दोस्ती ने लिटमस टेस्ट पास कर लिया है और ऐसे दोस्त आपको सकारात्मकता देते है। ऐसे लोगों के मामले में जिनसे आप मिलते हैं या बात करते हैं और आप ऊर्जा की कमी महसूस करते हैं, ऐसे व्यक्ति आपका कीमती समय बर्बाद कर देते है और नकारात्मक बातें करके आपकी ऊर्जा को घटाते है, इस तरह की संघात और बातचीत बेकार है और इसका कोई मूल्य नहीं है।

दोस्ती मूल रूप से एक-एक करके कुछ लाभ के लिए होती है, यह दावा किया जाता है, आप उन पांच लोगों के औसत हैं जिनके साथ आप सबसे अधिक समय बिताते हैं।"उन पांच लोगो को बहुत सावधानी से चुनें। यदि आपके आस-पास पांच सकारात्मक लोग हैं, तो आपको आपकी ऊर्जा के स्तर को बढ़ावा मिलेगा, यदि नहीं तो यह काफी थका देने वाला होगा।

बस इसे एक उदाहरण से समझें।

क्या आप डिस्चार्ज की गई बैटरी से कुछ भी चार्ज कर सकते हैं? बिलकूल नही।

वैसे ही, नकारात्मक लोगों को नकारात्मकता ने कैद कर लिया है और उनके पास नकारात्मकता के अलावा कुछ नहीं बचा है; वे आपको केवल नकारात्मक वाइब्स दे सकते हैं। उनके संपर्क में जो कुछ भी आता है, वह नकारात्मकता के भंवर में समा जाता है। इनसे दूर रहना ही उचित

है।

डिस्चार्ज बैटरी के साथ रखने पर एक अच्छी बैटरी कभी काम नहीं करती। अगर आप खुद को चार्ज करना चाहते हैं, तो अपने आप को पूरे चार्ज वाले से कनेक्ट करें। याद रखें, आप उस खाते से धनराशि निकाल सकते हैं, जिसमें पैसा है, बिना पैसे वाला खाता,आपको "अपर्याप्त धन" का उल्लेख करते हुए रसीद थमा देगा।

अपने मित्र मंडली को छोटा करें। बिना किसी हिचकिचाहट के इसे सरल बनाएं। केवल उन लोगों को रखें जो आपके जीवन में मूल्य जोड़ते हैं और आपको उत्थान का अनुभव कराते हैं। दूसरों को एक बेकार कागज की तरह काट दो, जो तुम्हारे मन और जीवन में अनावश्यक जगह घेर लेते हैं, जो तुम्हारी मानसिक पीड़ा के बराबर है। ऐसे दोस्तों की कैद से खुद को आजाद करें। सकारात्मक लोगों को पकड़ो और उन लोगों से पीछा छुड़ा लो, जो आपके जीवन में कोई मूल्य जोड़ने के लायक नहीं हैं। खुद को इस बोझ से मुक्त करना बहुत जरूरी है। नकारात्मक लोगों के साथ समय बर्बाद करने के बजाय अपने स्वयं के जीवन को बेहतर बनाने के लिए कार्यशील बने । अपने समय का बुद्धिमानी से उपयोग करें। एक बार जब आप यह बोझ गिरा देते है, तो आप अपनी भलाई के नए आयामों की ओर बढ़ते हैं। यह आपको अपने आप को और अधिक आनंद और खुश-स्वभाव के साथ संरेखित करने में मदद करता है क्योंकि आपके स्वयं के जीवन पर ध्यान केंद्रित करने से आपकी भलाई में और वृद्धि होगी। अपराध बोध को छोड़ो और ऐसे लोगों से पीछा छुड़ाए और अपने जीवन में और अधिक मूल्य जोड़ने के लिए नए दरवाजे को खोले ।

चलिए अब आपसे मैं एक तथ्य साझा करती हू, लौह एक पदार्थ के रूप में ऑक्सीजन के संपर्क में आने पर अलग पदार्थ में परिवर्तित हो जाता है और कार्बन डाइऑक्साइड के संपर्क में आने पर इसका एक बिल्कुल अलग पदार्थ बनता है।

लौह जब कार्बन के संपर्क में आता है, तो क्या आप जानते हैं कि इसमें क्या परिवर्तन होते हैं? आपके आश्चर्य के लिए बता दू, ये दोनों मिलकर स्टील बनाते हैं। स्टील, जैसा कि हम सभी जानते हैं, अपनी

मजबूती और स्थायित्व के लिए जाना जाता है। दूसरी ओर, जब वही लौह ऑक्सीजन के संपर्क में आता है, तो यह जंग का निर्माण करता है। जंग जैसा कि हम सभी जानते हैं, मुख्य पदार्थ जो की लोहा है, उसको खा जाती है और नष्ट कर देती है और इसलिए, कुछ समय बाद जंग लोहे जैसे पदार्थ को भी कमजोर और गैर-टिकाऊ बना देती है। जंग उसे खोखला और कमजोर बना देती है और एक समय ऐसा आता है, जब वह लोहे को पूरी तरह से खा जाती है। इसलिए अपनी कंपनी का चुनाव सोच-समझकर करें। जांचें कि आप किस तरह के लोगों से घिरे हैं। यदि आप विद्वान लोगों के बीच में हैं, तो अच्छी ज्ञान प्राप्त करेंगे, यदि आप चोरों के बीच हैं, तो आप चोरी करने की आदत को चुनेंगे। संगति का मानव मन पर बहुत बड़ा प्रभाव पड़ता है। अपनी संगति की जाँच करें और अपना भाग्य बदलें।

हेनरी फोर्ड एक ऐसे उदाहरण है, उन्होंने अपना करियर शुरू किया और उनके चारों ओर गरीबी, अशिक्षा और अज्ञानता थी लेकिन दस साल की छोटी अवधि के भीतर उन्होंने इन सभी चीजों को सिर्फ एक सही संगति द्वारा पार कर लिया। उनका जीवन बदल गया, जब वे थॉमस एडिसन के निजी मित्र बन गए। उन्होंने हार्वे फायरस्टोन, जॉन बरोज़ और लूथर बरबैंक जैसे महापुरुषों के साथ भी परिचय बनाया, इन सभी लोगों के पास एक महान मस्तिष्क था, केवल पच्चीस वर्षों की अवधि के भीतर, उन्होंने गरीबी, निरक्षरता और अज्ञानता पर काबू पा लिया और तेज दिमाग के साथ उन महापुरुषों की सही संगति में उन्होंने अमेरिका के सबसे धनी व्यक्तियों में से एक बनने में खुद को सक्षम कर लिया।

व्यक्ति की संगति या किसी व्यक्ति का किसी के साथ जुड़ाव से ऊर्जा का आदान-प्रदान होता है। इसलिए अपनी संगति का खयाल रखे।

इन पंक्तियों के माध्यम से विवेकानंद द्वारा संगति के महत्व को खूबसूरती से समझाया गया है।

"संगति" का अर्थ समझाते हुए उन्होंने कहा, बारिश की बूंद आसमान से गिरती हैः अगर यह हाथों में पकड़ी जाती है, तो यह पीने के लिए पर्याप्त है , अगर यह गटर में गिरती है, तो इसका मूल्य इतना गिर जाता है कि इसका उपयोग पैर धोने के लिए भी नहीं किया जा सकता है, यदि वह किसी गर्म सतह पर गिरती है तो वह नष्ट हो जाती है। कमल के पत्ते पर गिरे तो मोती की तरह चमकती है और सीप पर गिरे तो मोती बन जाती है। बूंद वही है, लेकिन उसका अस्तित्व और मूल्य इस बात पर निर्भर करता है कि वह किसके साथ जुड़ती है।

हमेशा अच्छे दिल और गुणवान लोगों के साथ अपने साथ को जोड़े। आप जिन लोगों के साथ रहते हैं उनको ध्यान से देखें और परखे और फिर ही उनके साथ अपना कीमती समय बिताएं। इसलिए कहा जाता है कि, मुझे अपने दोस्त दिखाओ और मैं तुम्हें भविष्य दिखाऊंगा।

"आप उन पांच लोगों के औसत हैं, जिनके साथ आप सबसे अधिक समय बिताते हैं।"

-जिम रॉन

17

विचारों की शक्ति

विचार व्यक्ति को शक्तिशाली या शक्तिहीन, सुखी या दुखी, अच्छा या बुरा बनाता है। तनाव और चिंता इसमें इजाफा करते हैं। लेकिन ये तनाव और चिंता कहां से आती है। यह सब हमारे दिमाग से आता है। पहले तो यह एक विचार है, जो बाद में चिंता या तनाव बन जाता है।

मन एक अच्छा गुलाम है, लेकिन एक बुरा मालिक है, अगर आप हर चीज का विश्लेषण और व्याख्या करने के लिए दिमाग पर छोड़ देते हैं, तो यह आपको मास्टर करने की कोशिश करेगा।

इसलिए आप जो चाहते हैं उसकी स्पष्टता पाएं? यह प्रश्न प्रमुख महत्व का है। आप जो चाहते हैं या करना चाहते हैं वह स्पष्ट होना चाहिए।

यह इच्छा आपके अंदर प्रकट होती है और मुख्य रूप से आपके विचारो से शुरू होती है, यानी आप वास्तव में जीवन में क्या हासिल करने की इच्छा रखते हैं?आप वास्तव में क्या चाहते हैं ,इसकी पहचान करना जरूरी है। यह आपको उसी उद्देश्य पर काम करने की दिशा देता है और आप उन लक्ष्यों को प्राप्त करने के लिए कदम उठाते हैं।

अब अगली चीज जो महत्वपूर्ण है वो यह है कि आप इसके बारे में सोचकर, कैसा महसूस करते हैं? यदि यह प्राप्त हो जाता है, यह कल्पना आपको आनंद देती है, तो आप इसके लिए कार्रवाई करना शुरू कर देते हैं, अन्यथा यदि यह आपको अधिक उत्साहित नहीं करता है, तो

आप अनुसरण किए जाने वाले कदमों को छोड़ देते हैं।आप जो चाहते हैं उसकी स्पष्टता वास्तव में बहुत महत्वपूर्ण है, इस तथ्य को तय करना ही आपको कदम उठाने के लिए प्रेरणा देता है।प्रेरणा के बाद काशीलता आती है।थॉमस अल्वा एडिसन ने कहा है कि यदि आप अलग-अलग परिणाम चाहते हैं तो आपको अपने कार्यों को बदलना होगा क्योंकि एक ही क्रिया आपको हमेशा एक ही परिणाम देगी।

अपने सपनों और इच्छाओं को प्राप्त करने के लिए आपको यह बदलना होगा जो आप सदियों से कर रहे हैं। अन्यथा, इन कार्यों से वही परिणाम प्राप्त होंगे जो आपको हमेशा कई वर्षों से मिलते आ रहे हैं। इसलिए, जब आप कुछ नया करना चाहते हैं, तो आपके एक्शन स्टेप्स भी नए होने चाहिए और जो आप अपने अतीत में करते रहे थे उससे अलग होना चाहिए।

हर क्रिया की समान और विपरीत प्रतिक्रिया होती है, इसलिए अपने कार्यों पर ध्यान दें क्योंकि क्रियाएं आपके बारे में अच्छा महसूस करने की भावनाओं से जुड़ी होती हैं, भले ही आप अभी बुरा महसूस कर रहे हैं और चाहते हैं कि बुरे को अच्छे में बदल दिया जाए , तो आपको सिर्फ कार्रवाई करने की आवश्यकता है। केवल कर्म ही दर्द को आनंद में या आनंद को दर्द में बदलने की शक्ति रखता हैं।

आइए इसे उदाहरण से समझते हैं

राधा एक मोटी लड़की थी और उसे अपने वजन का बुरा लगता था। वह वास्तव में अपने भारी शरीर से शर्मिंदा महसूस करती थी इसलिए उसके शरीर की छवि के साथ एक बड़ा दर्द जुड़ा हुआ था। इस दर्द को आनंद में बदलने की शक्ति केवल उसके कर्मों में ही थी। अब वह अपने वजन पर नियंत्रण रखने का फैसला करती है और वजन कम करके आनंद की भावना में बदलने के लिए कार्रवाई शुरू करती है। कार्रवाई के लिए वह कैलोरी की जांच के लिए एक आहार चार्ट और वसा खोने के लिए व्यायाम करने को शामिल करती है। इन क्रियाओं को वो निरंतर करती है और वह जो चाहती थी उसे प्राप्त कर लेती है। इस तरह वह अपनी मंजिल तक पहुँचजाती है और धीरे-धीरे आपने दर्द को आनंद की भावना में बदल देती है।

हमारे विचार हमारे दिमाग को निर्धारित करते हैं। यदि हमारे पास अधिक सकारात्मक विचार हैं तो सकारात्मक विचार हम पर हावी हैं और सकारात्मकता हमारे व्यवहार में दिखाई देगी।यदि हम केवल थोड़े समय के लिए सकारात्मक हैं और हम नकारात्मक विचारों पर वापस कूदते हैं तो हमारा व्यवहार नकारात्मकता को प्रतिबिंबित करेगा।

अग्रणी मनोवैज्ञानिक विलियम जेम्स ने कहा है " कि मेरी पीढ़ी की सबसे बड़ी खोज यह है कि मनुष्य अपने मन के दृष्टिकोण को बदलकर अपने जीवन को बदल सकते हैं" "जैसा आप सोचते हैं, वैसे ही आप होंगे।"

इस यात्रा में आप अपनी सोच को दृढ़ता से पकड़े रहे क्युकी आपके सपने मंजिल तक तभी पहुचेंगे अगर आपकी सोच आपके सपनो को पाने के लिए दृढ़ है।

दृढ रहने की इच्छाशक्ति अक्सर सफलता और असफलता के बीच का अंतर होती है।

18

पहले लायक फिर चाहत

यदि इच्छाएं नहीं हैं, तो सपने मौजूद नहीं हो सकते। हम कह सकते हैं कि इच्छा वह आग है जो सपने को प्रज्वलित करती है। सपनो से मंज़िल तक की इस यात्रा में कुछ कर गुजरने की तमन्ना अनिवार्य रूप से जलती हुई होनी चाहिए। अगर यह जलती हुई इच्छा नहीं है, तो सपनों को प्राप्त करना कठिन हो जाता है।

हम में से प्रत्येक व्यक्ति पर्याप्त मात्रा में ईंधन के साथ एक वाहन की तरह है, लेकिन हम सभी इस तथ्य से अनजान हैं कि हमारे पास ईंधन है, केवल वे जो कुछ हासिल करने की ज्वलंत इच्छा रखते हैं वही वाहन प्रज्वलन (ignition) करते हुए काम करते हैं। अब वाहन स्टार्ट होता है और यह प्रतिदिन छोटी दूरी तय करता है। जबकि अन्य वाहन शुरुआती बिंदु पर ही रहते हैं क्योंकि इसे कभी भी प्रज्वलन नहीं दिया गया था क्योंकि वाहन चलाने की इच्छा गायब थी।

दूसरी ओर, एक इंसान जलती हुई इच्छा के साथ इंतजार नहीं कर सका और वाहन को प्रज्वलन देकर इच्छा को पूरा करने के लिए कार्रवाई की और हर दिन छोटी दूरी तय करता गया। अब जब इस वाहन ने महत्वपूर्ण दूरी तय कर ली थी तब सभी वाहनों को यह लगता है कि यह कोई जादू है, लेकिन यह जलती हुई इच्छा का परिणाम है जिसने इसे

कार्रवाई और जोखिम लेने के लिए प्रेरित किया और उन कार्यों के कारण यह वाहन अब दूसरों से यात्रा में आगे है।

आप ही तय करें, आप अपने गंतव्य तक पहुंचना चाहते हैं या शुरुआती बिंदु पर प्रतीक्षा करते रहना चाहते हैं।

अपने आप को जांचें और अपना इग्निशन चालू करें। आपके पास ईंधन की कमी नहीं है, आपके पास इग्निशन यानी एक्शन की कमी है।

मैं एक कहानी साझा करना चाहती हूं जो मेरे दादाजी हमेशा मुझे बचपन में सुनाते थे। वह कहते थे कि इच्छाएं असीमित होती हैं और उन सभी को पूरा करना संभव नहीं है और कई सारी इच्छाओं को रखना भी उचित नहीं है, अपनी इच्छाओं को चुस्त रखे और खुद को उस इच्छा के योग्य बनाएं। उनके कहने का मतलब यह था कि इच्छाओं का होना ही काफी नहीं है, व्यक्ति को अपने जीवन में जो वह चाह रहा है, उसके लिए खुद को योग्य बनाना चाहिए।

उन्होंने आगे कहा कि गांव में एक लड़का था जो बहुत दुबला-पतला था और वह बॉडी बिल्डर बनना चाहता था, उसके कुपोषित शरीर को देखकर सभी ग्रामीण उस पर हंसते थे और उसका मजाक उड़ाते थे। वह इसके बारे में वास्तव में बुरा महसूस करता था। उसका मज़ाक उड़ाया जाता था क्योंकि वह कुछ ऐसा चाहता था जिसके वह लायक नहीं था। लेकिन उस लड़के में अपने सपनो को पूरा करने की तीव्र इच्छा थी और उसने धीरे-धीरे उस दिशा में काम करना शुरू कर दिया, और बॉडी बिल्डर बनने के उसी लक्ष्य को हासिल करने के लिए खुद को योग्य बना लिया। अचानक से जो बदलाव आया, वह और कुछ नहीं बल्कि अपने लक्ष्य को प्राप्त करने के लिए किए गए इनपुट थे। उसने व्यायाम करना शुरू कर दिया और साथ ही अपने आहार में वृद्धि की, ऐसा किए बिना वह योग्य वर्ग के लिए उचित नहीं था।

उसने अपनी इच्छा को प्राप्त करने के लिए कार्रवाई की जो वास्तव में एक ज्वलंत इच्छा थी और जिसने उसे योग्य बनाया।

क्या चीज आपको योग्य बनाती है?

मेरे दादाजी ने यह सवाल मुझसे पूछा। मैं उस समय इसका उत्तर देने में असफल रही क्योंकि तब मैं छोटी थी, लेकिन अब जब मैं इस कहानी

को दोहराती हूं, तो मुझे आसानी से पता चलता है कि यह हमारे कार्य हैं जो हमें जीतने की इच्छा के योग्य बनाते हैं।

हम सभी के पास दीपक में तेल और बाती है, उसे जलाने के लिए केवल क्रिया की आवश्यकता है और वो है, माचिस से उसे प्रज्वलित करना।

सिर्फ इच्छा रखना काफी नहीं है, आपको कार्यशील बनना होगा और अपनी इच्छा और सपनों को पूरा करने तक लगातार प्रयास करते रहना होगा। अपने कार्यों में सुसंगत रहें। छोटे-छोटे कार्य जब बहुत लंबे समय तक दोहराए जाते हैं, तो बहुत अच्छे परिणाम मिलते हैं।

इसे एक उदाहरण से आसानी से समझा जा सकता है

कोई भी व्यक्ति जो वजन घटाने का इरादा रखता है वह जिम जाता है या रोजाना टहलने जाता है यदि आप दो दिन यह करते हैं और परिणाम देखने की उम्मीद करते हैं तो आप निराश होंगे, दूसरी ओर यदि आप लगातार छह महीने तक यह काम करते हैं और अपनी दृढ़ता दिखाते हैं तब आपकी इच्छा पूर्ति होती है और आपका वजन कम हो चुका होता है। कड़ी मेहनत और निरंतरता आपको निश्चित रूप से परिणाम देती है। इसमें समय लग सकता है लेकिन यदि आप उचित कदम उठाते हैं और अपने आप को उस लक्ष्य की पूर्ति के योग्य बनाते हैं तो यह आपको परिणाम अवश्य देंगे।

नेपोलियन हिल ने अपनी पुस्तक "थिंक एंड ग्रो रिच में, "स्टिकएबिलिटी एंड क्विटेबिलिटी" का उल्लेख किया है। इसमें कहा गया है कि जो लोग एक योजना पर टिके रहते हैं और लगातार बने रहते हैं वे सफल होते हैं।

इस किताब में नेपोलियन हिल बताते है, डार्बी ने अपने चाचा के साथ सोने के अयस्क का खनन किया और उसे काफी मुनाफा भी हुआ पर कुछ समय बाद खनन करते हुए उनको लगा की सोना का भंडार अब खत्म हो गया है और कोई और मुनाफा नहीं हो रहा। उन्होंने कुछ दूरी तक ड्रिल की और हार मान ली क्योंकि उन्हें लगा कि यह उनके लिए

लाभ नहीं ला रहा है। अंत में, उन्होंने उचित विशेषज्ञ की राय लिए बिना खनन छोड़ दिया।

यह छोड़ने के बाद उसे जंकमैन को कुछ सौ डॉलर में बेच दिया गया। जंकमान ने हार मानने से पहले एक विशेषज्ञ सुझाव लिया और गणना से पता चला कि सोना सिर्फ तीन फीट दूर मिलेगा जहां डार्बी ने ड्रिलिंग करना बंद कर दिया था।

यह कहना काफी स्पष्ट है कि अगर वह तीन फीट और ड्रिलिंग के लिए रुका होता, तो वह इसे खोज लेता और इससे भारी मुनाफा कमाता।

डार्बी ने इस नुकसान से सबक लिया और चिपकने (stickability) के सिद्धांत को अपनाया, और जब उन्होंने बीमा बेचने की शुरुआत की तो बीमा बेचते समय, ग्राहकों के " ना "को सुनने के बाद उन्हें छोड़ने से इनकार किया और कार्य में लगे रहे। बाद में, उन्होंने इस सिद्धांत के माध्यम से बीमा बेचकर भारी मुनाफा कमाया।

यह कहानी आगे बढ़ते रहने और अपने द्वारा निश्चित किए गए लक्ष्य को कभी ना छोड़ने का एक मजबूत सबक देती है।

अपने सपनों के इस सफर में अपने लक्ष्य से चिपके रहे, उस पर लगातार काम करते रहें और कभी भी हार न मानें।

19

तकनीक

अपने सपनों पर विश्वास करने के लिए अपने दिमाग को कंडीशन करने की तकनीक।

लिफाफा व्यायाम

अपने सपनों को साकार करने की यात्रा शुरू करने के लिए आइए लिफाफा तकनीक से शुरू करें। यह काफी आसान और सरल है, बस एक लिफाफा लें और उस पर अपना डाक पता लिखें। अब बिना किसी विराम के अपने आप को एक पत्र लिखें और अपने सपनों और इच्छाओं का सबसे जटिल विवरण लिखें और इसे एक परिप्रेक्ष्य के साथ लिखें जैसे आप इसे पहले ही प्राप्त कर चुके हैं। यह उल्लेख करना है कि आप इसे कैसे चाहते थे और इसे पूरा करने के बाद आप कितना आनंद महसूस कर रहे हैं।

इसे अपनी सभी भावनाओं के साथ लिखें और यदि आप वास्तव में ऐसा करते हैं तो आप इसे पढ़कर चकित रह जाएंगे जब इसे आप तक पहुंचाया जाएगा।

हां, इसे लिखें और इसे अपने पास पोस्ट करें।

यदि पोस्टिंग में कोई समस्या आती है तो आप इसे अपने लेटर बॉक्स में डाल सकते हैं और तीन दिन बाद इसे प्राप्त कर सकते हैं।

मुझे विश्वास है कि आप स्वयं को लिखा यह पत्र पढ़कर वास्तव में प्रसन्न होंगे और खुशी का एक और स्तर अनुभव करेंगे।

एक बार जब आप इसे प्राप्त कर लें तो इस पत्र को बिना किसी असफलता के इकीस दिनों तक रोजाना पढ़ें।

अगर आपको यह कठिन लगता है तो आप एक गोल कार्ड बना सकते है, जिसमे आपको आपने लक्ष्य को साफ साफ शब्दों में लिखना है और एक चिट्ठी के जैसे पढ़ना है।

21 दिन तक क्यों ?

यह 21 दिनों में आपके दिमाग के तंत्रिका पैटर्न को बदलता और पत्र में लिखी बातों पर आपको विश्वास दिलाएगा। आप इसे ऐसी जगह रख सकते हैं कि आप इसे रोजाना देख सकें या आप इसे कहीं पर भी चिपका सकते हैं या बस इसे मोड़कर अपनी जेब में रख सकते हैं। हर बार जब आप अपनी जेब में हाथ डालेंगे तो आप उसे छू लेंगे और आपको अपने दिमाग में एक संकेत मिलेगा जो आपको उस भावना की याद दिलाएगा। एक बार जब आप इसे महसूस कर लेंगे तो आप उस आवृत्ति पर कंपन करेंगे और इसे बहुत जल्द आकर्षित करेंगे।

हमारे चारों ओर सब कुछ कंपन और आवृति के रूप में है और सब सामान उस आवृति पर कंपन करने वाले सामान की तरफ आकर्षित होते हैं। खुशी अधिक आवृति पर कंपन करती है इसलिए यह खुशी और सफलता साथ-साथ आकर्षित करती है-दुख कम आवृति पर कंपन करता है इसलिए यह दुख और कष्ट को आकर्षित करता है।

एक सफल अभिनेता बनने के अपने सपने को प्राप्त करने के लिए ब्रूस ली द्वारा इस तकनीक को अपनाया गया था।

आनंद की यह भावना निश्चित रूप से भविष्य में और अधिक खुशियों को आकर्षित करेगी।अब आप जानते हैं कि खुशी की आदतें क्या हैं और खुशी आपको क्या- क्या फायदे देती है,जैसा कि पिछले अध्यायों में बताया गया है।

अभिकथन

प्रतिदिन अपनी पुष्टि करें। पढ़ें, लिखें और अपनी पुष्टि सुनें। पुष्टिकरण के महत्व को पहले भी पुष्टि अध्याय में शामिल किया गया है, यहां, मैं इसके एक अन्य स्तर पर प्रकाश डालूंगी जिसे afformation(सूचना) कहा जाता है।

हां, यह मेरे वर्तनी की गलती नहीं है, इसे "AFFORMATION" कहा जाता है।

पुष्टि एक सकारात्मक कथन है, जिसे हम हर रोज कहते हैं और चाहते हैं कि हमारा दिमाग इसे सच मान ले, यह अवचेतन मन को टैप करने में मदद करता है। मानव मन को प्रश्न पूछना अच्छा लगता है, और इस प्रक्रिया में मन पूछता है कि आप इस तरह के बयान क्यों दे रहे हैं? जिसपे तुम विश्वास नहीं करते। जब क्यों का उत्तर दिया जाता है, तो पुष्टि की भूमिका शुरू होती है। जिस क्षण आप उत्तर देते हैं कि यह आपकी प्रतिज्ञान से क्यों जुड़ा हुआ है, यह भावनाओं को उत्पन्न करता है जो फिर से ऊर्जा है और यह आपको उस सशक्त प्रश्न के लिए कार्रवाई करने की प्रेरणा देता है। आपके द्वारा दिए गए उत्तर अत्यधिक आत्म-मूल्य की भावना पैदा करते हैं और आपको कार्रवाई करने के लिए प्रेरित करते हैं। यदि आप इसे समझने के लिए इसमें गहराई से उतरते हैं, तो यह दो घटकों द्वारा संचालित होता है, क्यों और कैसे। इस क्षेत्र में, क्यों आपको जागरूक करता है कि इसे करने का आपका इरादा क्या है और इसमें शामिल कार्रवाई चरणों को कैसे शामिल किया गया है। प्रतिज्ञान करते समय आप कहते हैं, मैं स्वस्थ हूँ और जानकारी देते समय आप पूछते हैं, मैं इतना स्वस्थ क्यों हूं? और इसके समर्थन में अपने उत्तर सूचीबद्ध करते हैं।

नूह सेंट जॉन ने इस विचार को बड़े प्रतिरोध और अविश्वास का अनुभव करने के बाद पुष्टिकरण कहते हुए इस प्रक्रिया की खोज की थी। इसके साथ ही जो प्रतिज्ञान फलहीन लग रहे थे, वे फलदायी और प्रभावशाली हो गए।

पानी की तकनीक

जल तकनीक आपके अवचेतन मन को पुन: प्रोग्राम करने के लिए महत्वपूर्ण तकनीकों में से एक है।

जैसा कि हम सभी जानते हैं कि पानी सार्वभौमिक विलायक है और इसमें हर चीज को घोलने की शक्ति है। हम नमक डालेंगे तो उसमें नमक घुल जाएगा, अगर हम चीनी डालेंगे तो चीनी घुल जाएगी। इसमें डाली गई सबसे कठोर धातु भी इसमें घुल जाएगी, इसकी मात्रा बहुत कम हो

सकती है लेकिन यह घुल जाएगी।

तो, हमें क्या करना है?

हमें एक क्रिस्टल ग्लास लेना है और उसमें पानी भरना है और जो गोल कार्ड(इच्छाओं की सूची /लक्ष्य की सूची) हमने बनाया है उस लक्ष्य को पढ़कर अपने सारे इरादे पानी के गिलास में डाल देना है। आप, पानी को हाथ में पकड़कर ,बस कार्ड को ऐसी जगह रख दें और कम से कम तीन बार पढ़ लें। अपनी सभी भावनाओं को अपने शब्दों में रखना याद रखें और गिलास को दोनों हाथों से पकड़ें ताकि कांच की मुख्य सतह आपकी हथेली से ढक जाए। यह अजीब है, लेकिन आपके आश्चर्य के लिए यह एक छोटा सा कार्य नहीं है, जैसा कि लक्ष्य सूची मैंने पहले उल्लेख किया है, आप अपनी सारी ऊर्जा स्थानांतरित कर रहे हैं और हम सभी जानते हैं कि हमारे चारों ओर सब कुछ ऊर्जा के रूप में है और इसमें आवृति और कंपन हैं। तो एक बार दोहराव पूरा होने के बाद, कम से कम तीन दोहराव तक करते रहें और अब आप धीरे-धीरे पूरे विश्वास के साथ पानी पीते हैं कि आपके सभी सपने और इच्छाएं पूरी हो रही हैं।

इस क्रिया को करने का सबसे अच्छा समय सुबह उठने के बाद और रात को सोने से पहले है। इस क्रिया को कम से कम 5 दिनों तक लगातार करें और अपने सपनों और इच्छाओं को हकीकत में बदलते हुए देखें। यह जल तकनीक बहुत प्रभावी है क्योंकि इसमें विज्ञान है। शोध ने साबित कर दिया है कि पानी में स्मृति होती है। सबसे प्रचलित प्रयोगों में से एक है जापानी शोधकर्ता डॉ मासारू इमोटो द्वारा किया गया शोध और उनकी पुस्तक "द मैसेज फ्रॉम वॉटर" में दर्ज किया गया है।

पेश है एक कहानी,

पानी के तीन कटोरे अलग-अलग वातावरण में रखे गए और उनका परीक्षण किया गया। पहला कटोरा उस कमरे में रखा गया था जिसमें एक सुखी जोड़ा रहता था और एक-दूसरे के लिए अपार प्रेम रखता था, उनके पास केवल प्रेम और प्रेम था इसलिए कमरे की आभा प्रेम की ऊर्जा से भरी थी और जब कटोरा वहाँ रखा गया था तो वह भी समान आवृतियों के साथ कंपन करता था ।

दूसरा कटोरा एक कमरे में रखा गया था जिसमें एक क्रोधित जोड़ा रहता था और छोटी-छोटी बातों पर झगड़ता था। इस दंपति ने किसी भी छोटी-छोटी बात के लिए लड़ाई-झगड़ा किया और लगातार लड़ते रहे, इसलिए उस कमरे का वातावरण लड़ाई के नकारात्मक भावों से भरा था और जब उस कमरे में पानी से भरा कटोरा रखा गया था, तो उसमें समान ऊर्जा का संचार हुआ था। तीसरा कटोरा एक धार्मिक वृद्ध दम्पति के कमरे में रखा गया था। उन्होंने धार्मिक ग्रंथों से धार्मिक गीत, श्लोक गाए। उस कमरे में आध्यात्मिकता का वातावरण था। कमरे में चारों ओर आध्यात्मिक ऊर्जा थी और शांति से भरा हुआ था और वह ऊर्जा कटोरे में पानी में स्थानांतरित हो गई थी। अब कटोरे के आणविक पैटर्न देखे गए और आणविक संरचना की तस्वीर ली गई। इससे पता चला कि पानी ने इसे दिए गए उद्दीपन के आधार पर विभिन्न क्रिस्टलीय संरचनाओं में व्यवस्थित किया। इस प्रयोग में पानी पर पर्यावरण के प्रभाव का परीक्षण करने के लिए पानी को एक अलग वातावरण में रखा गया था। अवलोकन बहुत आश्चर्यजनक थे क्योंकि प्रेम और प्रशंसा जैसी सामंजस्यपूर्ण भावनाओं ने सुंदर ज्यामितीय पैटर्न बनाए, जबकि कठोर भावनाओं में रखे गए पैटर्न ने खंडित पैटर्न बनाए।यह उदाहरण अपने आप में इस बात का सबसे बड़ा प्रमाण है कि ऊर्जा पानी में स्थानांतरित हो जाती है। पानी की इस स्मृति संपत्ति के कारण पानी की तकनीक काम करती है, जब हम अपनी हथेली में पानी से भरा गिलास रखते हैं और अपने इरादे निर्धारित करते हैं और 5 बार दोहराते हैं तो ऊर्जा पानी में स्थानांतरित हो जाती है और जब हम इसे पीते हैं तो हम उसे हमारे अंदर स्थानांतरित करते हैं और यह हमारे शरीर की प्रत्येक कोशिका में स्थानांतरित हो जाती है क्योंकि हमारी कोशिका में पानी होता है। मानव शरीर में 70 प्रतिशत पानी होता है और फिर पानी का जादू शुरू होता है।

ध्यान दें कि एक गिलास पानी में जो बाहर था वह अब हमारे शरीर के अंदर है और इसमें हमारे द्वारा डाले गए सभी इरादे हैं, इसलिए अपने इरादे डालने में बहुत सावधान रहें। तुम जो डालोगे वह भीतर पहुंचेगा और गुणा करेगा। दुनिया भर में कई लोग अपनी इच्छाओं को पूरा करने के लिए इस तकनीक का उपयोग कर रहे हैं और इससे लाभान्वित हुए हैं।

लोगों ने इस तकनीक से बीमारियों को ठीक किया है, सफलता हासिल की है और कई अन्य चीजें हासिल की हैं। यह निःशुल्क उपयोग की जाने वाली तकनीक है, इसे करने के लिए आपको बस एक गिलास और पानी की आवश्यकता है, । जाओ इसे आजमाओ, और चमत्कारिक ढंग से अपने जीवन को बदलो।

याद रखें कि इसे सुबह जिस क्षण आप उठे और रात में सोने से पहले करें, कम से कम 5 दिनों तक करना होगा, अधिक लाभ के लिए इसे 21 दिनों तक जारी रख सकते हैं क्योंकि हमारे तंत्रिका पैटर्न को बदलने के लिए इसे 21 दिनों तक का समय लगता है।

जल तकनीक करने का तरीका,

चरण 1: कांच या क्रिस्टल से बने गिलास में एक गिलास पानी लें।

चरण 2: अपनी इच्छा के अपने सभी सकारात्मक इरादों को निर्धारित करें, जिन्हें आप प्राप्त करना चाहते हैं।

चरण 3: इसे तीन बार दोहराएं, पूरी भावनाओं के साथ दोहराएं, अपनी खुशी का इजहार करें, अपनी पूरी खुशी के साथ अपनी इच्छा बताओ और गिलास को पकड़कर सकारात्मक ऊर्जा को प्रवाहित होने दें।

चरण 4: गिलास में देखें और पुष्टि करें कि आपका काम पूरा हो चुका है । हमारे पास उसमें सभी सकारात्मक भावनाए हैं जो आपने अभी-अभी कही हैं और इसे धीरे-धीरे पिएं।

चरण 5: पीने के दौरान ऐसा महसूस करें कि सभी सकारात्मक ऊर्जा आप में स्थानांतरित हो गई है और आप उस ऊर्जा से भरे हुए हैं जिसे आपने अभी-अभी पानी में डाला है।

चरण 6: कृतज्ञता और आभार से भरा महसूस करें। ब्रह्मांड के प्रति अपना आभार व्यक्त करें ।

चरण 7: ऐसा दिन में दो बार करें और 21 दिनों तक बेहतर परिणाम पाने के लिए आप इसे 66 दिनों तक भी कर सकते हैं।

मिरर तकनीक

क्या आप अपनी दिनचर्या को सर्वश्रेष्ठ बनाना चाहते हैं? हाँ!

तो आप सही जगह पर हैं? हम में से प्रत्येक एक दर्पण का उपयोग करता है और हम इसे तैयार होने के लिए अपनी दैनिक दिनचर्या में

दैनिक रूप से उपयोग करते हैं। तो अब समय आ गया है कि हम अपनी इस अत्यंत प्रिय वस्तु का उपयोग अपने लाभ के लिए ऊर्जा को बढ़ाने के लिए करें।

इस तकनीक में किसी अतिरिक्त प्रयास की आवश्यकता नहीं है, आपको बस अपने आप को दर्पण में देखना है, जो एक पूर्ण लंबाई वाला दर्पण होना चाहिए और अपने लिए अपना इरादा निर्धारित करना चाहिए। अपने आप को देखें, अपने आप से, आँखों से संपर्क करें और अपने लक्ष्यों को कहें और महसूस करें जैसा कि आप पहले ही अपने लक्ष्यों को प्राप्त कर चुके हैं और अपने शरीर में सुखद स्पंदनों को महसूस करें। तो, एक तरह से यह आपकी आत्म-प्रशंसा का समय है, अपने बारे में जितना अच्छा हो सके बात करें और खुद को आईने में देखते रहें। चूंकि आप दर्पण के सामने पूरी तरह से सिर से पैर तक दृश्यमान हैं, आप जो सोचते हैं, कहते हैं, महसूस करते हैं, देखते हैं और कंपन करते हैं, वह आप पर वापस प्रतिबिंबित होता है, और इस प्रकार आप जो भी कंपन देते हैं यह उसे बढ़ाता है।

तो, अपने विचारों के बारे में पूरी तरह से सुनिश्चित रहें, जो आप सोचते हैं वह आप पर वापस प्रतिबिंबित होगा और अधिक कंपन के साथ, सभी अच्छे इरादों को यहां डाल दें ताकि यह आपके लिए बढ़े और वापस उछले। अपनी त्वचा की देखभाल करते समय अपनी सुबह की दिनचर्या और रात की दिनचर्या करते हुए इस तकनीक को करें और अपने अधिक लाभ के लिए अपने अवचेतन मन को लक्षित करें।यह वास्तव में आश्चर्यजनक है, हर बार जब आप ऐसा करते हैं तो यह आपको आत्मविश्वास का एक त्वरित बढ़ावा देगा।

आपको बस इतना करना है कि शीशे के साथ एक शांत जगह पर जाएं,अधिमानतः यह एक पूर्ण लंबाई वाला दर्पण होना चाहिए, लेकिन यदि आपके पास नहीं है, तो आप किसी भी लंबाई का उपयोग कर सकते हैं ताकि आप अपना चेहरा देख सकें। ऐसी मुद्रा में खड़े हो जाएं जिसमें आप सशक्त महसूस करें - अपने कंधों को पीछे रखें और आत्मविश्वास के साथ अपना सिर उठाएं। कुछ गहरी सांसों के साथ अपने आप को केन्द्रित करें। अपने आप से एक आँख से संपर्क करें और बोलना शुरू करें

"मैं ....हूं" , और अपनी पुष्टि, लक्ष्य अपने आप से जोर से कहें। इस तकनीक को करने से आप उन स्पंदनों को मूर्त रूप देंगे जिन्हें आप आकर्षित करना चाहते हैं।

धन्यवाद, तकनीक, आभार रवैया

ब्रह्मांड को धन्यवाद देने का एक भी अवसर न चूकें, ब्रह्मांड के प्रति जितना हो सके आभारी रहें, यहां तक कि आपके पास जो छोटी से छोटी चीज है उसके लिए भी ऐसा करने का प्रयास करें, प्रकृति में चलते समय, आभारी और कृतज्ञता से भरे रहें।

जब आप ऐसा करते हैं तो क्या होता है?

पानी की तकनीक याद रखें, सकारात्मक कंपन सेट किए गए थे और इसने एक सुंदर ज्यामितीय पैटर्न का निर्माण किया। कृतज्ञता और प्रशंसा का कंपन आपको उच्च आवृतियों पर कंपन करेगा और इसलिए आप सकारात्मक स्पंदनों को अपनी ओर आकर्षित करेंगे। अपने जीवन में सभी अच्छी और सकारात्मक चीजों को आकर्षित करने के लिए कृतज्ञता दें और खुद को खुशी के लिए कॉन्फ़िगर करें। आपके कंपन रेडियो सिग्नल की तरह हैं यदि आप AM आवृति उत्सर्जित करते हैं, तो आप FM आवृति को ट्यून नहीं कर सकते। कृतज्ञता के साथ आपके कंपन ब्रह्मांड के अनुकूल हैं, और आप कंपन की तरह आकर्षित होते हैं और आपके साथ संरेखित होते हैं।

विज़ुअलाइज़ेशन।

विज़ुअलाइज़ेशन में आम तौर पर, आप अपने जीवन में जो चाहते हैं उसकी रील देख रहे हैं। यह आपके दिमाग में एक चलचित्र की तरह चलता है, उस दृश्य के बारे में सोचें और कल्पना करें। जब आप उपर्युक्त वाक्य को पढ़ते हैं, तो आप भ्रमित हो जाते हैं कि आपको वास्तव में क्या करना चाहिए, लेकिन यह वास्तव में सरल है। आइए एक उदाहरण से समझते हैं।

राजू बहुत गरीब लड़का था; उसने कड़ी मेहनत की और एक आईएएस अधिकारी बन गया । उसके पास अब जीवन में सभी सुख-सुविधाएं हैं, लेकिन वह अक्सर अपने बचपन की याद में फिसल जाता है। उसे याद है, बाढ़ के दिनों में उसके पिता उसे स्कूल छोड़ देते थे, वे

अपने पिता के कंधों पर बैठकर सवारी का आनंद लेता था । इस तरह के विचार मात्र से उसके दिमाग में एक रील चलता है और सब कुछ एक चलचित्र की तरह चलता है।

ठीक यही विज़ुअलाइज़ेशन है, यहाँ मैंने अतीत के बारे में उल्लेख किया है, वही हमें अपने भविष्य के बारे में सोचकर करना है। आपको भविष्य में खुद को उस स्थिति में देखना होगा जिस स्थिति में आप खुद को देखना चाहते हैं। अपनी आंखें बंद करें, दो तीन गहरी सांस लें और भविष्य में कूदें, जो आप अपने लिए चाहते हैं, उसे आंखें बंद कर उसकी कल्पना करे । यह एक समुद्र के सामने वाला बंगला हो सकता है या आप एक फैंसी कार की सवारी कर रहे हैं, भी हो सकता है। हां, यह कुछ भी हो सकता है जिसे आप चाहते हैं और सपना देखते हैं। इस चमत्कारी व्यायाम को सुबह और रात को सोने से पहले करें। यह एक आसान तकनीक है, यह आपके जीवन को बदल देती है और आपको सभी सकारात्मक विचारों एवं प्रेरणा से भर देती है।

369 तकनीक

369 तकनीक का इस्तेमाल दुनिया भर में कई प्रसिद्ध और सफल लोग करते हैं। यह तकनीक बहुत ही सरल है, आपको बस इतना करना है कि आपको अपने कथनों को लिखना है या पढ़ना है, लेकिन यहाँ आपको 17 सेकंड का नियम लागू करना है, आपकी पुष्टि इस तरह होनी चाहिए कि जब आप इसे जोर से पढ़ते हैं तो 17 सेकंड लगते हैं। आपको इसे सुबह 3 बार, दोपहर में 6 बार और सोने से पहले 9 बार पढ़ना होगा। यह आपके अवचेतन मन को पुन: स्थापित करने की एक बहुत ही शक्तिशाली तकनीक है ।

ऊपर वर्णित सभी तकनीकें आपके दिमाग को पुन: प्रोग्राम करने के लिए उपयोग की जाने वाली तकनीकें हैं और जो आप चाहते हैं उसे प्राप्त करने के लिए इसे कॉन्फ़िगर करने के लिए उपयोग की जाती हैं।

चूंकि, हर चीज में कंपन होता है, विचारों में भी होता है, आपको बस उस आवृत्ति को ट्यून करना होगा जैसा कि हम अक्सर रेडियो ट्यून करते समय करते हैं। जब आप किसी विचार को देखते हैं और उसके बारे में लगातार सोचते हैं और उसे बार-बार दोहराते हैं तो आप उस

आवृत्ति पर कंपन करना शुरू कर देते हैं और उस आवृत्ति पर कंपन करने वाली सभी चीजों के साथ संबंध स्थापित करते हैं और इस प्रकार सभी अभिव्यक्तियां सच हो जाती हैं।

यह कहानी है ' रेडियो ट्यून करें,' जो मैंने अपनी पुस्तक " द इंगक्लिंग " में पहले ही प्रकाशित कर दी है, पढ़ें, आनंद लें ।

रेडियो ट्यून करें,

इस डिजिटल युग में हमारे पास गाने सुनने के बहुत सारे विकल्प हैं। कई ऐप भी उपलब्ध हैं लेकिन जब हम रेडियो चालू करते हैं, तो हम उस स्टेशन को ट्यून करते हैं जो हमें पसंद है। हम अपने पसंदीदा स्टेशन को ट्यून करने के लिए रेडियो ट्यून करते हैं। इसके बिना ड्राइविंग करना एक बुरे सपने जैसा लगता है। जब FM सिग्नल खो जाते हैं तो सीडी हमारे बचाव में आते हैं क्योंकि हम सब संगीत के आदी हैं । हमारी पसंद का स्टेशन हम सब सुनना चाहते है और इस आवृत्ति को उस रेडियो स्टेशन पर सेट करते हैं जिसे हम सुनना चाहते हैं। हम बार-बार उस स्टेशन पर ट्यून करते हैं क्युकि रेडियो जॉकी हमारे पसंदीदा रेडियो स्टेशन में हमारी पसंद के गाने के साथ साथ मनोरंजन का आकर्षण भी जोड़ता है। हम बार-बार उस स्टेशन पर ट्यून करते हैं क्यो की ये हमें खुशी देता है।

इसी तरह, हमारा ब्रह्मांड आवृत्तियों से भरा है। विचारों की आवृत्ति, अच्छे विचार, बुरे विचार, सकारात्मक विचार, नकारात्मक विचार कुछ भी हो सकते है। हमारे मन में जिस प्रकार का विचार है, वह ब्रह्मांड की उस आवृत्ति के साथ समन्वय करता है। अगर हम अच्छा सोचते हैं, तो हम अच्छी आवृत्तियों से मेल खाते ,अगर हम बुरा सोचते हैं, तो हम खराब आवृत्तियों से मेल खाते हैं। ब्रह्मांड की इस घटना को आकर्षण के नियम के रूप में जाना जाता है। हम जो सोचते हैं वही हम आकर्षित करते है। इससे पहले कि हम कुछ भी करना शुरू करें, वह हमारे दिमाग में एक विचार से शुरू होता है। पहले विचार क्लिक होता है फिर क्रिया होती है।

पेश है रोहन के विचारों की खूबसूरत कहानी,

रोहन, को अभी-अभी इंजीनियरिंग के बाद नौकरी मिली है और वह राजधानी दिल्ली में स्वतंत्र रूप से रहने लगा है। रोहन मासिक किराने का सामान खरीदने का इरादा रखता है और कार में बैठता है और अपने पसंदीदा रेडियो स्टेशन को ट्यून करता है। । किराने की दुकान जो मॉल में था उसके रास्ते में, उसकी नज़र एक बहुत ही स्मार्ट टी-शर्ट पहने डमी पर पड़ती है और वह उसका ध्यान आकर्षित कर लेती है।

उसने उस दुकान में उसके कीमत की जाँच की और उस समय उसे खरीदना रोहन को बहुत महंगा लग रहा था। उसने बस उस टी-शर्ट को डमी पर देखा और उसकी खूबसूरत तस्वीर को अपने दिमाग में कैद कर लिया और उसके लिए आभार व्यक्त किया। उसने उस मर्चेंडाइजिंग चेन के निर्माताओं और डिजाइनरों का आभार व्यक्त किया और वह अपनी किराने का सामान खरीदने के लिए सुपरमार्केट की ओर बढ़ा। उसने किराने का सामान खरीदा, खरीदे गए सामानों की जांच की और घर जाने के लिए मॉल से निकल गया। घर जाते हुए जब वो गाड़ी चला रहा था तब भी वो उस टी शर्ट के बारे में सोच रहा था। उस टी-शर्ट की छाप उसके दिमाग में बहुत गहरी छप गई थी और वह उसके दिमाग से नहीं जा रही थी।

एक महीना बीत गया, फिर एक दिन घर के लिए किराना लेने का समय आया, उसने उन वस्तुओं की एक सूची बनाई, जिसे खरीदने की जरूरत थी और उसी मॉल में चला गया जहां वे पिछले महीने गया था । सुपरमार्केट की ओर जाते समय, उसने उस ब्रांड आउटलेट को पार किया, जिसे उसने पिछले महीने चेक किया था। अचानक उसने देखा कि स्टोर पर सेल का एक लेबल अंकित था, सेल का प्रस्ताव का विरोध रोहन नहीं कर सका और सेल में लगी वस्तुओं की जांच करने के लिए उस दुकान में प्रवेश किया। उसकी निगाहें उस खास टी-शर्ट की तलाश में थीं , जो उसे पिछले महीने पसंद आई थी। उसने हर जगह चेक किया पर वह टी शर्ट उसे नही दिखाई दी। वह निराश महसूस कर रहा था क्योंकि वह चीज जिसे वो ढूंढ रहा था वो उसे नही मिली । बड़ी निराशा में वह उस दुकान से बाहर निकलने की ओर बढ़ा, बाहर निकलने से ठीक पहले, बड़े -बड़े अक्षरों में "लिकी साइज " के साथ चिह्निनत एक बॉक्स था।

बक्सा ही बता रहा था कि यह एक ऐसा बक्सा था जिसमें कपड़ों के एक- एक पीस बचे थे और वह भी कीमत के एक-तिहाई दाम पर। केवल भाग्यशाली लोग जो उन साइज में फिट हो सकते थे, सिर्फ वो लोग ही उसे खरीद सकते थे क्योंकि साइज का कोई विकल्प उपलब्ध ही नहीं था। रोहन ने बॉक्स को चेक किया और अपनी किस्मत आजमाई। उसने बॉक्स में टी-शर्ट देखी, उसे बाहर निकाला और आकार की जाँच की। उस पर 'एस' लिखा हुआ था। वह खुशी से उछल पड़ा, उसे वह मिल गया जिसकी उसे तलाश थी और वह भी अपने साइज में "स्मॉल"।

यह पल रोहन के लिए जादुई था। उसने टी-शर्ट ली और भुगतान करने के लिए बिलिंग अनुभाग की ओर बढ़ा। अभी कुछ दिन पहले जो टी-शर्ट उसके बजट से बाहर थी, वह अब उसके लिए एक तिहाई कीमत पर उपलब्ध थी।

यह जादुई लग रहा था, लेकिन यह आवृत्ति की ट्यूनिंग के अलावा और कुछ नहीं था। उसका दिमाग उस विशेष परिधान की आवृत्ति के अनुरूप था और यह उसे ब्रह्मांड द्वारा उसे दिया गया था।

हमारा दिमाग रिसीविंग और ब्रॉडकास्टिंग स्टेशन है। हम जो कुछ भी चाहते हैं वह ब्रह्मांड में उपलब्ध है, हमें बस ऐसा करने के लिए करने आपने आवृत्ति को निर्धारित करना है।

अपने विचारों से सावधान रहें, यदि यह सकारात्मक है, तो यह सकारात्मकता की बौछार करेगा, लेकिन यदि यह नकारात्मक है, तो यह आपको नकारात्मकता में जकड़ लेगा और आपको अपनी गंदगी में डुबो देगा।

अच्छी चीजों की ट्यूनिंग करे।

जादुई तकिया

रविवार का दिन था, यह मेरे परिवार के लिए मस्ती भरा दिन था। रविवार को हम आमतौर पर सभी काम एक साथ करते थे, चाहे वह सफाई करना हो, कपड़े धोना हो, किराने का सामान खरीदना ही या फिर किचन के डब्बों में इन सामने को भरना हो।

दोपहर तक लगभग सब कुछ हो जाता था। शाम ज्यादातर परिवार के साथ बिताई जाती थी और अंत में रात में हम सुबह 6 बजे उठने के

लिए अलार्म सेट करते हैं क्योंकि सोमवार से, हम सभी को निर्धारित दिनचर्या का अनुसरण करना होता था। यह केवल सप्ताहांत था, जिसे परिवार के साथ आनंद लेने के साथ बिताया जाता था।

तो, आज रविवार है और हमेशा की तरह हमें समय पर उठने के लिए सुबह 6 बजे का अलार्म लगाना होगा। मेरे माँ और पिताजी शहर से बाहर हैं और आज मैं अपने दादा-दादी के घर पर हूँ।

सप्ताहांत मेरे दादा-दादी के प्यार और देखभाल के साथ बिताया गया था और अब मैं सोने जा रहा हूँ, ओह! मैं भूल गया, अलार्म सेट करना था। मैं बिस्तर से उठा, मेरे बूढ़े दादा-दादी मेरी तरफ देख रहे हैं, वे सोच रहे होंगे कि, मैं कुछ शरारत करने के अवसर की तलाश में हूं, लेकिन ऐसा नहीं है, मैं अलार्म घड़ी खोजने की कोशिश कर रहा हूं, यह अवश्य , अध्ययन कक्ष में होगा, अंधेरा है और मुझे डर लग रहा है, इसलिए मैं जल्दी से अध्ययन कक्ष की ओर भागा, अलार्म घड़ी पकड़ी और पूरी गति से वापस बेडरूम की ओर भागा ।

मेरी सांस फूल रही है और मैं कुछ सांस लेने की कोशिश कर रहा था, मेरी भारी सांसों ने मेरी दादी की नींद में खलल डाला, वह नींद से उठी, एक नज़र मुझ पर पड़ी, मैंने देखा कि एक उल्लू की तरह दो बड़ी आँखें मुझे शक से घूर रही हैं, उन्होंने पूछा इस समय कमरे में इतनी गतिविधि क्यों हो रही है, उन्होंने मुझसे समय के बारे में पूछा, मैंने घड़ी का मुंह अपनी ओर घुमाया और पता चला कि सुबह के 5 बज रहे हैं, मैंने उन्हें बताया 5 बज रहे हैं, दादी, मुस्कुराई और कहा, ऐसा नहीं हो सकता। मैंने फिर से समय की जाँच की और घड़ी ने फिर से वही समय दिखाया। मेरी दादी मुस्कुराई और कहा कि घड़ी लाओ, मैं उनके ओर दौड़ा और उन्होंने मुझे अपनी बाहों में ले लिया। उन्होंने धीरे से मुझे बिस्तर पर बिठाया और खिड़की से पर्दे के अंतराल के माध्यम से कमरे में कुछ प्रकाश झाँक रहा था इसकी मदद से समय दिखा । घड़ी को दो बार पीटा और फिर कहा, घड़ी की बैटरी मर गई है और यह यह रुक गयी है।

मुझे चिंता थी कि अगर घड़ी काम नहीं कर रही है, तो मैं कल सुबह कैसे उठूंगा।

मेरे दादा-दादी बहुत वृद्ध थे। तो, मैंने सोचा कि शायद मैं उठने से चूक जाऊं। मेरी दादी ने मुझे अपनी ओर खींच लिया और मुझे अपनी बाहों में ले लिया और कहा कि आओ मैं तुम्हें कोई जादू सिखाऊं। वह अपने बिस्तर पर थी, वह वापस मुड़ी, उसने एक तकिया उठाया और कहा कि यह एक जादुई तकिया है, बस इसे, आपको जगाने का आदेश दें, जब भी आप जागने का इरादा रखते हैं और यह आपको सही समय पर जगा देगा। मैं, अपनी दादी पर हँसा और कहा "दादी, मुझे पता है कि आप चाहती हैं कि मैं सो जाऊं इसलिए आप मेरे साथ यह तरकीब आजमा रही हैं।" वो मुस्कुराई और बोली बस एक बार ट्राई करो और जादू देखो। मेरा भी मानना था कि इसे आजमाने में कोई बुराई नहीं है। मैंने तकिये को दोनों हाथों से पकड़ कर अपने मुँह के पास लाकर फुसफुसाया "अरे जादुई तकिया, कल सुबह 6 बजे मुझे जगा देना।

कुछ मिनट बाद मैंने उसे बिस्तर पर लिटा दिया और उस पर अपना सिर टिका दिया। मैं सोच रहा था कि क्या यह जादू है, यह कमाल है, और इस विचार के साथ मैं नींद की स्थिति में फिसल गया। मैं उठा, सुबह हो रही थी और पक्षी चहक रहे थे। मैं अभी भी स्लीप मोड में था। मैंने बिस्तर छोड़ दिया और अपने दादाजी की अलमारी की ओर बढ़ा, मैंने समय देखने के लिए उनकी कलाई की घड़ी निकाली, सुबह के 6 बजे थे।

मैं हैरान था, जादू हो गया। मुझे विश्वास नहीं हो रहा था कि यह वास्तविक है, मैंने सोचा कि मैं आज रात इसे फिर से कोशिश करूंगा। इसी सोच के साथ मैं स्कूल के लिए तैयार होने लगा और कुछ देर बाद स्कूल के लिए निकल पड़ा।

स्कूल में, मैं अपनी पढ़ाई में व्यस्त हो गया, लेकिन जब भी खाली समय होता तो मैं इस जादू के बारे में सोचता, मैं इसे अपने दोस्तों के साथ साझा करने के लिए उत्सुक था, लेकिन मैंने खुद को नियंत्रित किया, क्योंकि मुझे अभी भी यकीन नहीं था कि यह वास्तव में जादू है या संयोग से हुआ । मैंने इसे एक हफ्ते तक आजमाने का फैसला किया और इस बारे में आश्वस्त होने के बाद ही मैंने इसे अपने दोस्तों के साथ साझा करने का इरादा किया। मुझे एक डर था, अगर मैं इसे साझा करता हूं और यह विफल हो जाता है, तो मेरे दोस्त मेरा मजाक उड़ाएंगे, इसलिए मैं

दोगुना आश्वस्त होना चाहता था।

मैं स्कूल से वापस आया और दोपहर का खाना खत्म करने के बाद मैंने अपना होमवर्क किया, बाद में शाम को खेलने के लिए बाहर चला गया। मैं एक शानदार फुटबॉल मैच खेलकर मैदान से आया और तब मैंने अपने माता-पिता को बैठक में इंतजार करते देखा।

मैं लगभग भूल ही गया था कि वे आज मुझे मुझे लेने के लिए आयेंगे। मैंने अपने बूढ़े दादा-दादी के साथ कुछ समय बिताया और घर वापस चला गया। जाने से पहले, मैंने अपनी दादी के कानों में फुसफुसाया" जादू हुआ दादी। "हालांकि मैंने अपनी दादी से कहा कि यह हुआ था, मुझे अभी भी यकीन नहीं था।

मैं किसी निष्कर्ष पर पहुंचने से पहले, सात दिनों तक इसका प्रयोग करने जा रहा था।

इसलिए, हर दिन रात , मैं अपने तकिए से मुझे सुबह 6 बजे जगाने के लिए कहता, और मैं अपने बैकअप के रूप में सुबह 6:10 बजे का अलार्म भी लगाता। मैं इन सभी 7 दिनों में हैरान था, मैं हर दिन सुबह 6 बजे जल्दी उठता और अलार्म बंद कर देता।

यह सच में जादू था और मैंने इस पर विश्वास करना शुरू कर दिया लेकिन मेरे दिमाग में एक विचार आया कि यह जादू नहीं है, सुबह 6 बजे उठने की मेरी आदत है। यह जादू नहीं है; यह मेरी दिनचर्या है। अब मैंने तय किया कि मैं निर्धारित समय को बदलूंगा और फिर इसके बारे में फिर से प्रयोग करूंगा।

इस बार मेरे पास सुबह 5 बजे से सुबह 6 बजे तक के लिए अलग-अलग समय थे। सोमवार के लिए मैंने इसे 5 बजे रखा, मंगलवार के लिए, मैंने इसे 5:30 बजे रखा। बुधवार के लिए यह 5:45 था ।

मेरे तकिया ने यह परीक्षा उत्तीर्ण की, हर दिन सोने से पहले मैंने कहा "तकिया मुझे इतने समय पर जगाता है, और जब भी मैंने घोषणा की, मैं उस समय जाग गया। तकिया अब लिटमस टेस्ट पास कर चुका था। मैंने इसे बहुत खुशी से अपने माता-पिता के साथ और बाद में अपने दोस्तों के साथ साझा किया। मेरे दोस्तों ने इस जादुई तकनीक की कोशिश की और परिणाम पर चकित थे। मैंने अपने माता-पिता से इसके बारे में पूछा,

दोनों एक-दूसरे को देखकर मुस्कुराए और मुझे बताया कि यह जादू नहीं बल्कि अवचेतन मन की शक्ति है ।

आप इस जादुई टोटके को अपने बच्चों के साथ भी साझा कर सकते हैं, और अपने लक्ष्य से संबंधित एक इच्छा लिख इसे अपने तकिए के नीचे रख दें, और जादू देखें।

20

क्रिया बनो, संज्ञा नहीं

हम सभी जानते हैं कि संज्ञा क्या है? संज्ञा मूल रूप से किसी व्यक्ति, स्थान या हमारे आस-पास की चीजों का नाम है। अब, आइए जल्दी से संक्षेप में समझते है कि क्रिया क्या है?

क्रियाओं को आमतौर पर जो हम करते है उन शब्दों के रूप में परिभाषित किया जाता है जैसे कूदना, खाना, सोना आदि। एक क्रिया वास्तव में विषय द्वारा की गई एक्शन को परिभाषित करती है।

जीवन की पुस्तक में, हम सब संज्ञा हैं और क्रिया हमारे कर्म हैं, इसलिए अपने जीवन में किए गए कार्यों पर ध्यान केंद्रित करें और अपनी संज्ञा यानी अपने नाम को रौशन करे।

यदि आप अपने सपनों, इच्छाओं और लक्ष्यों के लिए कर्म करते हैं और इसके लिए दिल और आत्मा से अपने काम में लग जाते हैं तो दुनिया में कोई भी ताकत आपको सफल होने से नहीं रोक सकती है, यानी आप जो चाहते हैं उसे हासिल करने से आपको कोई नहीं वंचित रख सकता। आपके द्वारा दृढ़ता से किए गए कार्य निश्चित रूप से आपको वांछित सफलता दिलाएंगे।

आइए, आप सब से एक बचपन की कहानी साजा करते हुए इस बात पे और प्रकाश डालती हूं।

बचपन में, मैं गणित में बहुत कमजोर थी और इस विषय से नफरत करती थी क्योंकि मैंने कभी इसमें अच्छे अंक नहीं लाए, और जब मैंने

सुधार करने के लिए कार्रवाई करना शुरू किया, तो यह जादुई रूप से हुआ।

दरअसल, मैं गणित में फेल हो गई थी क्योंकि मैंने 40 प्रतिशत से कम अंक प्राप्त किए थे और अपने माता-पिता द्वारा डांटे जाने का मुझे डर था। फेल होने का डर, खराब मार्क्स का डर, आंके जाने का डर आदि। मुझे स्पष्ट रूप से याद है, मैं घर पहुंची और दोपहर के भोजन के बाद मेरे पिता ने मुझसे इसके बारे में पूछा और कांपते स्वर में मैंने अपने अंकों की घोषणा की। मैं डरी हुई थी, लेकिन जिस बात का डर था (माता-पिता से डांटे जाने का डर) वह कभी नहीं हुआ। इसके बजाय, मेरे पिता मुझे समझ गए और मुझे अपने साथ ले गए और मुझे, हमारी रसोई में पत्थर के एक बड़े टुकड़े पर रखा मिट्टी का घड़ा दिखाया। मैंने सोचा कि वह मुझे वहाँ पानी पिलाने के लिए ले गए है क्योंकि यह एक भीषण गर्मी की दोपहर थी, लेकिन मैं गलत थी। मुझे वहाँ ले जाने का उनका उद्देश्य था, पत्थर का आकार दिखाना, जो अब अवतल हो गया है, क्योंकि मिट्टी के घड़े की वक्र कई वर्षों से लगातार उस पर टकरा रही थी। पत्थर होने के कारण, चट्टान का एक कठोर ठोस टुकड़ा, घिस गया और इसने मिट्टी के बर्तन के आधार का आकार ले लिया जो एक अवतल वक्र था। यह कोई चमत्कार नहीं था; यह क्रिया मिट्टी के घड़े द्वारा प्रतिदिन की जाती थी। वह प्रतिदिन ताजे पानी से भरा जाता था और उस पत्थर पर रखा जाता था, इसे लगातार रखने की क्रिया के परिणामस्वरूप, उस वक्र का निर्माण हुआ था। इस उदाहरण से मेरे पिता ने मुझे दृढ़ता के बारे में सिखाया और उन्होंने मुझे समझाया कि यदि आप सुधार के लिए प्रतिदिन कार्रवाई करते हैं, तो आप सुधार करेंगे, चाहे कार्य कितना भी कठिन क्यों न हो।

उन्होंने मुझे सिखाया यदि मिट्टी का घड़ा जो कमजोर और नाजुक है और गिरने पर टूट जाता है, वह अपने दृढ़ता के कार्यों से कठोर पत्थर को घिसने की क्षमता रखता है, तो आप ऐसा क्यों नहीं कर सकते? आप सभी अपनी कमजोरियों पर भी काम कर सकते हैं, चाहे विषय कितना भी कठिन क्यों न हो।

यह वास्तव में मेरे लिए एक आंख खोलने वाला सबक था, मैंने अपने कार्यों के लिए जिम्मेदार होने का संकल्प लिया और गणित पर काम

करना शुरू कर दिया, मैंने प्रतिदिन गणित का अभ्यास किया और बहुत जल्द यह मेरी आदत बन गई। अगले सत्र की परीक्षा में, मैंने गणित में पूरे अंक प्राप्त किए और अब मैं खुशी से सातवे आसमान पे थी। मेरी हरकत ने मुझे अपनी कक्षा में प्रसिद्ध कर दिया, अब शिक्षक भी मेरे प्रदर्शन को देखकर खुश थे।

मेरे नाम की घोषणा कक्षा में कई बार की गई थी क्योंकि मैंने पूरे अंक प्राप्त किए थे, मेरी संज्ञा यानी मेरा नाम, मेरे कार्यों के कारण जाना जा रहा था।

यह ठीक ही कहा गया है "कार्य शब्दों से अधिक जोर से बोलते हैं।"

यदि आप अच्छा महसूस करना चाहते हैं, तो अपने कार्यों को बदलें। यदि आप कम योग्य महसूस करते हैं तो अपने कार्यों की जाँच करें क्योंकि बिना किसी कर्म के कोई बड़ी इच्छा रखना एक पूर्ण पाप है। केवल हमारा कर्म ही हमें दुख देता है या सुख देता है। इसलिए, यदि आपके जीवन में कोई दर्द है तो अपने कार्यों की जांच करें और जिस तरह से आप महसूस करना चाहते हैं उसे बदलने के लिए उन्हें बदलें।

क्रिया बनो, संज्ञा नहीं। यह आपके कार्य हैं जो नाम लाते हैं और आपको प्रसिद्ध बनाते हैं।

21

कल्पना

कल्पना एक ऐसी चीज है जिसके लिए किसी तैयारी की जरूरत नहीं है, बस अपनी आंखें बंद कर लें और कल्पना की दुनिया में उड़ान भर लें। यह आपसे कुछ भी नहीं लेगा, ऐसा करने से आपको केवल उड़ने के लिए पंख मिलेंगे।

अपने सभी विश्वासों को एक तरफ रख दें और अपनी मनचाही दुनिया का पता लगाने के लिए अपने कल्पनाशील साहसिक कार्य पर जाएं और खुद को इसके कब्जे में देखें। यह निश्चित रूप से आपको, आप जो चाहते हैं, उसे पूरा करने के लिए ऊर्जा से भर देगा।

थॉमस अल्वा एडिसन ने कहा है कि ज्ञान कल्पना से कम शक्तिशाली है या आप कह सकते हैं कि कल्पना ज्ञान से अधिक शक्तिशाली है।

आइए, अब समझते हैं कि ज्ञान क्या है। ज्ञान मूल रूप से हमारे पिछले अनुभवों और प्रयोगों के आधार पर हमारे आस-पास की सभी सीखों का संकलन है। दूसरी ओर कल्पना पूरी तरह से काल्पनिक चीजें हैं जो अभी भी हमारे आसपास अस्तित्व में नहीं हैं। यह हमारे मन में बस विचार के रूप में हमारे लिए उपलब्ध है और एक बीज के रूप में कार्य करता है। कल्पना का यह बीज बढ़ता है और चमत्कारिक रूप से वास्तविकता का आकार लेता है क्योंकि हमारा अवचेतन मन इसे सच करने के तरीके खोजने के काम में लग जाता है। इसलिए कल्पना के ये

बीज हमारे दिमाग में बोए जाते हैं, विचार आते रहते हैं और कुछ समय में विचार वास्तविकता से टकराते हैं और कल्पना वास्तविकता में बदल जाती है।

हवाई जहाज के आविष्कार से पहले हर कोई सोच रहा होगा कि आकाश में एक पक्षी की तरह उड़ने का विचार, एक पागल ही कर सकता है। ये इसके विचारकों के लिए कितना अपमान लाया होगा। लोगों ने उन्हें सिर्फ इसलिए पागल करार दिया होगा क्योंकि उन्होंने इसकी कल्पना की थी।

यह कल्पना पिछले ज्ञान से मुक्त थी और इसलिए इसमें एक शक्ति थी। कल्पना को सफल बनाने के लिए किए गए कई प्रयोगों में असफल होने के बाद ये सच हुई। अब ये लोग जिन्हें , आसपास के लोगों ने पागल का टैग लगा दिया था, वे राइट ब्रदर्स के नाम से प्रसिद्ध हैं।

अगर कल्पना न होती तो हवाई जहाज का आविष्कार करना नामुमकिन होता। इसी प्रकार अनेक आविष्कार ऐसे लोगों द्वारा किए जाते हैं जिन्होंने ज्ञान के आधार पर काम करने से इनकार कर दिया और उनमें महान कल्पनाशील गुण थे।

नेपोलियन हिल ने अपनी पुस्तक "थिंक एंड ग्रो रिच" में कहा है कि कल्पना मन की कार्यशाला है, जहां सभी सपने आकार लेते हैं और वास्तविकता में आते हैं।

किसी भी पेशे में किसी व्यक्ति की सफलता के लिए कल्पना महत्वपूर्ण है, चाहे वह डिजाइनिंग हो, विज्ञान हो, अभिनय हो, लेखन हो या कुछ और । मूल रूप से, किए गए सभी प्रकार के कार्य केवल मुख्य एक कारक के कारण होते हैं और वह है हमारी कल्पना।

वेदों और उपनिषदों के साथ-साथ रामायण और महाभारत जैसी अन्य धार्मिक पुस्तकों को ऋषियों और संतों ने लिखा था जिनके पास महान ज्ञान था और उनकी कल्पना बहुत समृद्ध थी। ये किताबें कई हजार साल, पहले बहुत पहले लिखी गई थीं और ये पुस्तकें शुद्ध कल्पना पर लिखी गई थीं ।

उदाहरण के लिए, अगर हम वाल्मीकि जी द्वारा लिखित भगवान राम की कहानी रामायण के बारे में बात करते हैं, तो उन्होंने सीता

हरण प्रकरण में उल्लेख किया था कि रावण, पुष्पक विमान पर लंका से आएगा और सीता को ले जाएगा। यह भविष्यवाणी की गई थी, भगवान राम अपनी जीत के बाद पुष्पक विमान से अयोध्या लौटेंगे, यह एक कल्पना मात्र थी लेकिन भारतीयों द्वारा इस ज्ञान को गंभीरता से नहीं लिया गया , पर कल्पना की ओर काम करने वाले राइट ब्रदर्स में भी यही कल्पना मौजूद थी, और यही हवाई जहाज का आविष्कार का कारण था। अगर कोई भारतीय इस विचार को लेता और उस पर काम करता तो आज हमारा देश हवाई जहाज के आविष्कारकों की सूची में होता।

इसी प्रकार महाभारत के 5000 वर्ष पूर्व महान कवि वेद व्यास जी ने कहा था कि संजय कुछ दूरी पर बैठकर धृतराष्ट्र को कुरुक्षेत्र के युद्ध का सीधा प्रसारण करेंगे। यह सब कल्पना थी लेकिन उसी विचार को किसी रूसी वैज्ञानिक ने अपनाया और टेलीविजन का आविष्कार हुआ। उदाहरणों की सूची यहीं नहीं रुकती। सूची में जोड़ने से भारतीय मिट्टी के एक और महान रत्न कालिदास जी का नाम आता है जिन्हों ने मेघदूतम में लगभग 2500 साल पहले लिखा था कि एक आदमी बादल से बात करता है और अपनी प्यारी पत्नी को संदेश भेजता है, इस कल्पना को भी कार्यशील किया गया और क्लाउड कंप्यूटिंग और क्लाउड स्टोरेज का आविष्कार अमेरिकियों ने किया ।

कल्पनाओं का पिछले ज्ञान से कोई संबंध नहीं है । कल्पना वास्तव में किसी भी विश्वास से मुक्त है चाहे वह सत्य हो या असत्य। यदि आप अपनी कल्पना शक्ति की उपेक्षा करते हैं, और अपनी कल्पना से उत्पन्न विचार को छोड़ देते हैं तो आप जीवन में सफल होने का एक अवसर खो रहे हैं। यह संभव है, कोई और अपनी कल्पना का उपयोग करेगा और उसी विचार का उपयोग करेगा, जिसको आपने छोड़ा था ।

ध्यान दें, ऐसा कई बार होता है। एक विचार आपके पास आता है और आप उसकी क्षमता का एहसास करने में विफल हो जाते हैं और वही विचार किसी अन्य व्यक्ति को भी आता है, वह इसका दोहन करता है और इसका उपयोग करते हुए कार्रवाई करता है और एक स्टार्ट-अप शुरू कर देता है । बाद में यह स्टार्ट-अप एक बड़े व्यवसाय में विकसित हो जाता है और अंततः उसी विचार से वह भारी मुनाफा भी कमाता है ।

ये वही विचार हैं, जो आपके पास अतीत में आया था और आप उस पर कार्रवाई करने में विफल रहे ,इसीलिए कल्पना की क्षमता को कभी भी अप्रयुक्त नहीं छोड़ा जाना चाहिए।

अपने सपनो को मंजिल तक पहुंचाने के किए कल्पना की उड़ान को भरना ना भूले।

मुझे आशा है कि आप में से कोई भी अब अपनी कल्पना शक्ति को नहीं छोड़ेगा बल्कि ये उदाहरण आपको अधिक शक्ति देंगे और आपकी कल्पना को पंख देने के लिए अधिक विश्वास और साहस पैदा करेंगे।

अल्बर्ट आइंस्टीन ने एक बार कहा था "कल्पना ज्ञान से अधिक महत्वपूर्ण है। ज्ञान सीमित है, कल्पना दुनिया को घेर लेती है।

22

रिजेक्शन

चूंकि, आप सपने, इच्छा और गंतव्य की इस यात्रा पर हैं, और अब आपने कार्रवाई करना शुरू कर दिया है, इसलिए अस्वीकृति(रिजेक्शन) की आदत डालें। हर सफल प्रयास के लिए अस्वीकृतियों से गुजरना पड़ता है। ये अस्वीकृतियां दो चीजों की ओर इशारा करती हैं: या तो रणनीति दोषपूर्ण है या आप जिस दिशा का अनुसरण कर रहे हैं वह गलत है। लेकिन रिजेक्शन से गुजरते हुए आप एक सेल्फ-रिफाइनिंग प्रक्रिया से गुजरते हैं। संघर्षों से भरी यात्रा आपको जीवन भर सीख देती है। आप सफलता के लिए अपना मार्ग प्रशस्त करने के लिए कई तरीके अपनाते हैं, और यह हिट एंड ट्रायल विधि आपको अपने लक्ष्यों की ओर आगे बढ़ने का ज्ञान देती है।

नए तरीके खोजने का यह गुण आपको दूसरों से अलग बनाता है और आप वही काम करने का एक नया रास्ता खोजते हैं जो दूसरे करते हैं, लेकिन अपने अनोखे तरीके से और यह आपको, आपका अपना ब्रांड बनाता है जो निश्चित रूप से आपको भीड़ से अलग करता है और आपकी सफलता से नफरत करने वालों और ट्रोलर्स को जवाब देता है। यह सफलता आसानी से नहीं मिलती, आपको सफलता के शिखर पर पहुंचने से पहले निजी और सार्वजनिक दोनों जगह में एक लाख बार असफल होना होगा, इसलिए रिजेक्शन के लिए तैयार रहें और इसकी आदत डालें।

बड़े पैमाने पर अस्वीकृति के कुछ उदाहरण हैं;

1.वॉल्ट डिज़नी को एक अखबार के संपादक ने यह कहते हुए खारिज कर दिया था कि उनमें कल्पना की कमी है।

2. लेखन की दुनिया में प्रसिद्धि पाने से पहले स्टीफन किंग को 30 बार खारिज कर दिया गया था।

3. बेस्टसेलिंग लेखक बनने से पहले, जे .के राउलिंग को कई अस्वीकृतियों का सामना करना पड़ा ।

4. विलियम गोल्डिंग,एक और ऐसे उपन्यासकार हैं, कई बार असफल रहे,लेकिन अब सर्वश्रेष्ठ उपन्यासकारों में सूचीबद्ध हैं।

दुनिया में एक रूढ़ीवादी सोच है और इसे केवल नवीनता और विशिष्टता के साथ तोड़ा जा सकता है, जो आपको भीड़ से बाहर खड़ा करता है।

अस्वीकृति एक रबर की गेंद की तरह है, आप जितना जोर से मारेंगे, वह उतनी ही वापस उछलेगी। यदि आप अपने जीवन के निचले चरण से टकराते हैं तो निराश न हों क्योंकि वह सबसे निचला चरण है और एकमात्र विकल्प विपरीत दिशा में वापस उछाल है। हर कम के बाद एक ज्यादा आता है और हर असफलता के बाद सफलता मिलती है।

मंजिल पर ध्यान दें न कि जहां से आप आए हैं।

सपनो की चाहत और मंजिल की यात्रा में आपका ध्यान उस रोडमैप पर होना चाहिए जो उस मुकाम तक ले जाए जहां आप पहुंचना चाहते हैं। यदि आप पुराने गलियों में भटकते रहते हैं और एक बिंदु तक पहुंचने के लिए डिज़ाइन किए गए नए मार्ग को नहीं अपनाते हैं तो आप वहीं फंस जाते हैं और खो जाते हैं।

एक उदाहरण लेते हैं, कभी-कभी गाड़ी चलाते समय हम गलत मोड़ लेते हैं और एक ही रास्ते में बार-बार चक्कर लगाते रहते हैं और जब यह अहसास होता है कि हम एक ही जगह चक्कर लगा रहे हैं तो हम आस-पास के लोगों से मदद मांगते हैं और अपनी गंताव्य तक पहुंचने की कोशिश करते हैं। अगर हम बार-बार पुरानी जगह पर घूमते रहेंगे,

तो आप कभी भी नई जगह की खोज नहीं करेंगे। आपको एक नया मार्ग अपनाना होगा और उस पर ध्यान देना होगा।

हर किसी का एक अतीत होता है और हम इस तथ्य से इनकार नहीं कर सकते। कुछ लोगों का अतीत गौरवशाली होता है और वे उसे फिर से देखते रहते हैं और बाद में उनके जीवन में कोई प्रगति नहीं होती है, क्योंकि वे खोए हुए लगते हैं और वे जीवन में स्थिर होते हैं। आप सकारात्मक होते हुए भी सकारात्मक बातें करते हैं जो अतीत में हुई थीं, वे उस समय और परिस्थितियों से पूरी तरह संतुष्ट लगते हैं और आगे सफलता का मार्ग प्रशस्त करना बंद कर देते हैं।

दूसरी ओर कुछ लोगों का अतीत कठिन , दुःख और संघर्षों से भरा हुआ होता है । वे अपने अतीत में बुरी तरह फंस जाते हैं, उनके पास बस उन कठिन समय की यादें होती हैं। वे कठिन समय उनके जीवन का एक गोल चक्कर बन जाते हैं, इसमें 4 रास्ते मौजूद होते हैं लेकिन वे गोल चक्कर के उसी बिंदु पर घूमना पसंद करते हैं। ये 4 विकल्प मौजूद हैं जो उन्हें अपना रास्ता बदलने का मौका देते हैं लेकिन लोगों के ये विशेष समूह एक ही जगह पर घूमना पसंद करते हैं। ऐसे में शुरुआती और अंत बिंदु परिभाषित नहीं होते हैं और वे एक ही बिंदु पर बार-बार शुरू और समाप्त होते हैं और उनका जीवन बर्बाद हो जाता है।

इसलिए यह भूलना महत्वपूर्ण हो जाता है कि आप कहां से आए हैं । आपको कहां जाना है इस पर ध्यान देना बहुत महत्वपूर्ण हो जाता है।

इसलिए, याद रखें कि जीवन आपको जहां भी एक चौराहे पर लाता है, वहां लंबे समय तक चक्कर न लगाएं, बल्कि बाहर निकलने पर ध्यान दें और एक नया रास्ता खोजें जो किसी भी तरह से वहां फंसने से बेहतर होगा।

जीवन के इस दुष्चक्र से बाहर आएं जहां आप एक बिंदु पर फंस जाते हैं और यह महसूस किए बिना चक्कर लगाते कि नया रास्ता उपलब्ध नहीं है । यह नई खोज तभी संभव है जब आप अपने अतीत पर ध्यान देना बंद कर दें।

मंजिल पर ध्यान दें न कि जहां से आप आए हैं। यह भूलना महत्वपूर्ण हो जाता है कि आप कहां से आए हैं , आपको कहां जाना है इस पर ध्यान दे।

इस गोल चाकर पर न घूमे और नए रास्ते चुने, यह आपको मंजिल के करीब ले जाने में मदद करेगा।

असफलता से सफलता का सृजन कीजिये। निराशा और असफलता, सफलता के दो निश्चित आधार स्तम्भ हैं ।

23

शिकायत, आलोचना और तुलना को रद्द करे

शिकायत करना, आलोचना करना और तुलना करना आपके जीवन की अव्यवस्था है और आपके लक्ष्यों की प्रगति में एक बड़ी बाधा है। शिकायत करना, आलोचना करना और तुलना करना इनको रद्द करे। आपके जीवन की ये अव्यवस्थाएं आपके जीवन में बहुत अधिक जगह घेर लेती हैं और आपको भारी बना देती हैं।

मुझे यकीन है कि आप में से प्रत्येक ने राष्ट्रीय राजमार्गों पर भारी वाहनों को देखा होगा, इन भारी वाहनों को केवल रात के 10 बजे के बाद राजमार्गों पर चलने की अनुमति मिलती है और दिन के दौरान उन्हें चलने की अनुमति नहीं होती है। ये भारी वाहन तेज गति नहीं कर सकते हैं, यदि वे ऐसा करते हैं तो यह संतुलन खो देगा और लुढ़क जाएगा, जिससे खुद को और साथ ही साथ अपने परिवेश को भी नुकसान होगा। इसी तरह, अगर हमारे जीवन में इन आदतों के लिए जगह है तो हमारी प्रगति मंद हो जाएगी। अगर आप ऐसी स्थिति में गति करने की कोशिश करते हैं, तो आप बुरी तरह कांप जाएंगे, और गिर जायेंगे, जिससे आपको खुद और आपके आसपास के लोगों को भी नुकसान पहुंचेगा। इसलिए,

इन आदतों को अपने जीवन से हटाना महत्वपूर्ण और आवश्यक हो जाता है। इसे महसूस करने के लिए, आपको अपने बारे में बहुत गहन आत्मनिरीक्षण और मजबूत अवलोकन की आवश्यकता होती है। जिस क्षण आप इन को रद्द करेंगे, आपके जीवन में खुशी और आनंद जैसी अच्छी चीजों के लिए और जगह बन जाएगी। खुशी और प्यार आपको सही कंपन पर सेट करती है और प्यार और खुशी के साथ किया गया कोई भी कार्य क्रिया को और आसान बना देती है। इसलिए, जब कोई उस काम को चुनता है जिसे वह पेशे के रूप में पसंद करता है, तो ऐसे मामले में पेशा, छुट्टी में बदल जाता है और आप अपनी यात्रा से प्यार करते हैं और आसानी से अपनी मंजिल तक पहुंच जाते हैं।

जब आपके दिमाग से आलोचना करने और शिकायत करने की आदत हट जाती है तो आपका इरादा सही दिशा में, यानि अपने लक्ष्यों पर सेट हो जाता है और जैसे-जैसे समय बीतता है आप अपने लक्ष्यों पर अधिक से अधिक ध्यान केंद्रित करते हैं और जो गंदगी आपके जीवन का हिस्सा थी वे गायब हो जाती हैं और आपको आपके निर्धारित लक्ष्य की ओर आपकी गति को तेज करने के लिए आवश्यक शक्तिशाली आदतों द्वारा प्रतिस्थापित करती है। क्या यह अद्भुत नहीं है? आपकी ऊर्जा जो इन आदतों को संभालने में व्यर्थ निकल रही थी, अब संरक्षित है और आपको आपके अंतिम लक्ष्य की ओर निर्देशित करती है।

कहा जाता है कि जहां ध्यान जाता है वहां ऊर्जा प्रवाहित होती है। अब यह बदलाव ,जहां आपने जीवन के खराब आदतों को हटा दिया है और केवल लक्ष्यों पर ध्यान केंद्रित करने के लिए अनुकूलित किया है, अब आप अपनी ऊर्जा को सही दिशा में लगा रहे हैं। यह ऊर्जा पहले भी उपलब्ध थी लेकिन जीवन के खराब आदतों को संभालने में बर्बाद हो रही थी।

अब, जिस नए चैनल के माध्यम से, यह ऊर्जा नए इरादों के साथ बहती है, जो सकारात्मक हैं, यह परिणाम दिखाना शुरू कर देती है, जो आपको चमत्कार लगता है। वास्तव में, यह बिल्कुल भी चमत्कार नहीं है, यह केवल सकारात्मक परिणाम देने के लिए बिखरी हुई ऊर्जाओं को एक विशेष बिंदु पर लगा रहा है क्योंकि अब इरादे सकारात्मक हो गए है।

फोकस को बेहतर तरीके से समझने के लिए एक कहानी है। यह कहानी इस सिद्धांत का समर्थन करती है, "ऊर्जा वहां प्रवाहित होती है जहां ध्यान जाता है।"

एक आदमी था जो परेशान था क्योंकि लोग उसके बारे में बुरी बातें करते थे, इस तरह की गपशप को नजर अंदाज करने के बजाय, उसने अपनी ऊर्जा को यह खोजने में लगा दिया की लोग उसके बारे में बुरी बात क्यों करते हैं? उसने इसे खोजने में काफी समय बर्बाद किया। नतीजतन, उनकी उत्पादकता में गिरावट आई और उसकी मन की शांति भी छीन गई। एक दिन उसने यह बात अपने मालिक को बताई और इस मूर्खतापूर्ण कारण का हवाला देते हुए अपना इस्तीफा उसे सौंप दिया। मालिक इतनी छोटी सी समस्या पर हँसा और कर्मचारी (जो इस्तीफा देने के लिए तैयार था) को अपने हाथों में एक गिलास पानी रखने के लिए कहा और उसे पकड़ते हुए, उसने उसे पूरे कार्यालय का दौरा करने के लिए कहा ताकि उसके यादों में ये ऑफिस की याद के रूप में रहे और साथ ही साथ वह यह भी पता लगा सके कि वे लोग कौन थे, जिन्होंने उनके बारे में बुरी बातें कीं।

गिलास ऊपर तक भरा हुआ था, और मालिक ने कहा कि वह उसका इस्तीफा केवल एक शर्त पर स्वीकार करेगा, कार्यालय में घूमते समय गिलास से एक बूंद पानी भी नहीं गिरना चाहिए। ।

कर्मचारी ने सोचा कि यह इतना आसान काम है, उसने पूरे जोश के साथ शुरू किया लेकिन जल्द ही महसूस किया कि उसे अपना पूरा ध्यान केंद्रित करने की आवश्यकता है, इसलिए उसने अपना पूरा ध्यान कांच की इस भरे ग्लास पर बनाए रखा, उसने ऑफिस का एक दौरा किया और बहुत सावधानी से इसे पूरा किया और मालिक के केबिन में पहुंच गया। मालिक ने उसे बधाई दी, और पूछा कि वे लोग कौन थे, जिन्होंने उसके बारे में बुरी बात की, कर्मचारी ने उत्तर दिया, उसका ध्यान पानी से भरे उस कांच के गिलास पर था, इसलिए वह नहीं ढूंढ सका कि वे लोग कौन थे और वे क्या बात कर रहे थे। कर्मचारी पूरी तरह से अनजान था और उसे इस बात का अंदाजा नहीं था कि उसके बारे में क्या गपशप चल रही है। पानी के गिलास पर ध्यान केंद्रित रहने के कारण कौन क्या बात कर

रहा है और ऐसे कौन लोग थे, इसका ध्यान उसे शायद ही आकर्षित कर पा रहा था।

मालिक मुस्कुराया और उसने कहा "देखो ,चूंकि आपका ध्यान पानी के गिलास पर केंद्रित था, आप नहीं सुन सकते थे कि दूसरे लोग आपके बारे में क्या गपशप कर रहे थे। ऊर्जा वहीं प्रवाहित हुई, जहां आपने ध्यान केंद्रित किया और यही जीवन जीने का सही दृष्टिकोण है।

अपना ध्यान जीवन के बुरी आदतों से मुक्त रखें क्योंकि वे आपके सपनों को प्राप्त करने और गंतव्य तक पहुंचने की आपकी यात्रा में सबसे बड़ी बाधाएं हैं। ऐसा कई बार होता है कि दूसरे जो कहते हैं और सोचते हैं वह आपका ध्यान आकर्षित करता है, उस पर ध्यान केंद्रित न करें बल्कि अपने लक्ष्यों पर ध्यान दें।

इस यात्रा में जिसमे आप अपने सपनो के दिशा में यात्रा कर रहे है, जब आप नियमों को तोड़ते हैं या तोड़ेंगे तो चालान भी होना चाहिए, जैसे कोई भी वाहन चलाते समय हम इसे यातायात नियम तोड़ने पर जारी कर देते हैं। फर्क सिर्फ इतना है, यहां आपको अपना खुद का पहरेदार बनना होगा, जब भी आप जीवन में किसी भी चीज की आलोचना करते हैं, किसी से तुलना करते हैं, जब भी आप गलत पक्ष में होते है तब- तब यह चालान खुद पे लगाए, जैसे ट्रैफिक नियम तोड़ने पर गाड़ी चलाने वाले पर चालान लगाया जाता है। ऐसा करने से आप फिर से सकारात्मक रास्ते पर चलने लगेंगे और नकारात्मकता को दूर भगा देंगे। जब भी आप अपने जीवन में इन आदतों को प्रवेश दें तो अपने आप पर एक कड़ी नज़र रखे। हर बार जब आप इन आदतों का उपयोग करते हैं तो इसके लिए जुर्माना देते रहे, और किसी सामाजिक कारण में उस राशि (फंड) का उपयोग करे, बहुत जल्द आपको इन आदतों से छुटकारा तो मिलेगा ही और आपको एक अच्छी भावना भी मिलेगी क्योंकि जब आप एक सामाजिक कारण के लिए उस फंड का योगदान करने का उद्देश्य जोड़ते हैं तब इन आदतों को बहुत तेजी से रद्द करने के लिए आपको अधिक ऊर्जा प्राप्त होती है ।

अपने आप को शिकायतों के बोझ से मुक्त करें, तुलना न करें, क्रिबिंग न करें और अपने जीवन की नई स्वतंत्रता की खोज करें और अपने गंतव्य तक पहुंचने के लिए तीव्र गति में आगे बढ़े।

चैंपियंस कभी शिकायत नहीं करते, वे बेहतर होने में बहुत व्यस्त हैं। - जॉन वुडन

24

निर्णय की शक्ति

आपके पास अपना जीवन बदलने की शक्ति तभी है जब आपके पास निर्णय लेने की शक्ति हो। एक निर्णय आपको अमीर से गरीब या गरीब से अमीर बनाने की शक्ति रखता है। निर्णय लेने की शक्ति आपको ऊंचाइयों तक ले जा सकती है और यदि निर्णय गलत हो जाता है तो यह आपको जमीन पर पटक देता है।

आप लक्ष्य निर्धारित करते हैं और उसे प्राप्त करने के बारे में सोचने लगते हैं लेकिन कार्य को स्थगित करके ऐसा करने में विलंब करते हैं। ऐसा क्यों होता है, ऐसा करने का एकमात्र संभावित कारण कार्रवाई की कमी है। लेकिन कार्रवाई आने से पहले निर्णय की शक्ति आती है। यदि आपने अपने लक्ष्यों पर दृढ़ता से निर्णय नहीं लिया है, तो आपके पास कार्रवाई के कदमों की कमी है। यह कहा जा सकता है कि कार्रवाई आपके निर्णय के साथ बहुत निकटता से जुड़ी हुई है। यह आपको अपने लक्ष्य के प्रति कार्रवाई करने की शक्ति देता है। त्वरित निर्णय लेने की शक्ति विकसित करे, परंतु उस निर्णय को बदलने में काफी समय लगाएं अन्यथा आप हर पल निर्णय बदलते रहेंगे और एक मजबूत लक्ष्य तय करने में विफल रहेंगें। एक निर्णय पर दृढ़ता से टिके रहने पर ही आपको परिणाम प्राप्त होंगे।

त्वरित निर्णय लेने से आपको समय पर अपने लक्ष्य तक पहुँचने की क्षमता मिलती है, यदि आप निर्णय लेने में देरी करते हैं तो आपके लक्ष्यों

की ओर आपकी यात्रा मंद हो जाती है।

अगला प्रश्न यह उठता है कि लोगों में निर्णय लेने की क्षमता का अभाव क्यों है?

लगभग 90% लोगों में निर्णय लेने की क्षमता गायब है, और यह दुखद सच्चाई है। आइए इसे खोजने के लिए गहराई में जाएं। निर्णय लेने की शक्ति की कमी के पीछे मुख्य कारण ज्यादातर आलोचना का डर, न्याय किए जाने के डर से संबंधित है। हम सभी गहराई से सोचते हैं कि दूसरे क्या सोचेंगे। इसके अलावा हमारे दिमाग में बचपन से ही एक गहरी कंडीशनिंग होती है क्योंकि निर्णय हमेशा हमारे बड़े, ज्यादातर माता-पिता ही लेते हैं। धीरे-धीरे जैसे-जैसे हम बढ़ते हैं यह विचार एक न्यूरॉन पैटर्न सेट कर देता है और हमारी स्वयं की छवि बनाता है। यह एक दृढ़ आत्म छवि और एक विश्वास विकसित करता है और हम सभी उस सेट पैटर्न को तोड़ने से डरते हैं। हां, निर्णय लेने की शक्ति का सीधा संबंध स्वयं की छवि से है। इसलिए यदि आप निर्णय लेने की शक्ति विकसित करना चाहते हैं तो आपको एक मजबूत आत्म छवि बनानी होगी।

जब आपके पास निर्णय लेने की शक्ति की कमी होती है तो आप एक रास्ते से दूसरे रास्ते पर चले जाते हैं क्योंकि आप अपने आस-पास के अन्य लोगों के प्रभाव से प्रेरित होते हैं। ये लोग कोई और नहीं बल्कि आपके मित्र और परिवार हैं। चूँकि निर्णय की शक्ति दूसरों पर टिकी होती है, आप परोक्ष रूप से अपने जीवन का स्टीयरिंग व्हील उन्हें सौंप देते हैं, और यह आपके जीवन में बड़ा कहर ढाता है।

अपने सपनों की इस यात्रा में याद रखें, सबसे महत्वपूर्ण हिस्सा आप है जैसा कि मैंने अध्याय 2 में उल्लेख किया है। आप अपने लक्ष्यों तक पहुंचने की यात्रा पर हैं, और आपका शरीर और दिमाग वह वाहन है जिसमें आप यात्रा कर रहे हैं। आप अपने वाहन का स्टीयरिंग व्हील किसी अन्य व्यक्ति को कैसे सौंप सकते हैं? इस बारे में सोच समझकर फैसला करें।

हमारा जीवन कोई वीडियो गेम नहीं है। खेल में आम तौर पर आपके पास तीन जीवन या अधिक जीवन होते हैं। अगर कोई गलती होती है,

तो आपके पास उस गलती को भी समायोजित करने का मौका होता है। यदि आप बहुत अच्छा खेल रहे हैं, तो आप अंक अर्जित करते हैं और यहां तक कि खोया हुआ जीवन भी कमाते हैं लेकिन दुख की बात है कि वास्तविक जीवन में ऐसी कोई व्यवस्था नहीं है। इसलिए निर्णय लेना बहुत महत्वपूर्ण बन जाता है।

आपको अपने जीवन की जिम्मेदारी लेनी होगी और इसकी योजना अच्छी तरह से बनानी चाहिए। कोई भी व्यक्ति हर चीज की सौ प्रतिशत योजना नहीं बना सकता है, लेकिन ऐसा करने के लिए सचेत प्रयास कर सकता है, और यह निर्णय लेने की शक्ति के साथ आता है। आपके जीवन में जो कुछ भी होता है, उसके लिए केवल आप ही जिम्मेदार होते हैं। अपने जीवन में सभी गलतियों के लिए किसी और को जिम्मेदार ठहराना नासमझी होगी। अगर आपको कोई बाध्य करता है, तो क्युकी आप एक पेड़ नहीं हैं और आप पसंद की जगह पर रहने के लिए स्वतंत्र हैं, आप उस स्थान से जा सकते है। ऐसा करने के लिए आपको फिर से निर्णय लेने की शक्ति की आवश्यकता होती है।

जब हम सड़क पर निकलते हैं और वाहनों को देखते हैं, तो प्रत्येक वाहन का अपना स्वतंत्र चालक होता है। चालक अपनी बुद्धि और चेतना के अनुसार वाहन चलाता है और कोई भी चालक किसी और के वाहन को संभालता या चलाता नहीं है। अब वाहन अगर वहां खराब हो जाता है तो वाहन चलाने के लिए उपयुक्त बनाने के लिए मशीन में त्रुटियों के सुधार के लिए वाहन को टो किया जाता है या अन्य वाहन के चालक द्वारा समर्थित किया जाता है। मशीन में त्रुटियों के सुधार के बाद इसे आगे उपयोग के लिए चालक को सौंप दिया जाता है। यदि कोई समर्थन नहीं मिलता है, तो वाहन को चालक द्वारा कठिनाइयों के साथ स्वयं गैरेज में सुधार के लिए ले जाना पड़ता है, या चालक के ऐसा करने में असमर्थ होने पर वाहन को वही छोड़ दिया जाता है और नियत समय में वाहन में जंग लग जाता है और यह सभी के लिए कबाड़ का एक टुकड़ा मात्र बन जाता है।

आपका जीवनभी ऐसा ही है, आपको अपने जीवन का स्वयं चालक बनना है। यदि कुछ गलत हो जाता है तो आपका परिवार और मित्र केवल

त्रुटियों के सुधार के लिए समर्थन या सलाह दे सकते हैं, लेकिन निर्णय लेने की शक्ति आपके पास है। हमें अपनी बुद्धि के अनुसार, अपने निर्णयों के आधार पर स्वतंत्र रूप से अपना जीवन व्यतीत करना होगा।

इसलिए अपने जीवन की स्टीयरिंग को थामे रहिए और संभाल कर के गाड़ी चलाइए।

हमारे जीवन का प्रारंभिक बिंदु जन्म है और गंतव्य मृत्यु है, जो बीच में है वह यात्रा है, यात्रा के दौरान आप किस तरह गाड़ी चला रहे है, ये बात मायने रखती है। यहां शुरुआती बिंदु आपके सपने हैं और गंतव्य आपका लक्ष्य है। सड़क अच्छी है अर्थात परिस्थितियाँ अनुकूल हैं, तो आप वाहन को पूरी गति से चला सकते हैं और अच्छी आदतों के साथ गति कर सकते हैं क्योंकि वे उत्प्रेरक हैं लेकिन आपको सावधान रहना चाहिए जब सड़क उबड़-खाबड़ हो यानी जब आपकी बुरी आदतें हों, अपने जिंदगी रूपी वाहन के स्टीयरिंग को पकड़ें और सुरक्षित रूप से उसे चलाए।

संकल्प - इच्छा शक्ति।

इच्छा शक्ति हमारे मन की शक्ति है। कोई भी कार्य करने से पहले उसकी कल्पना सबसे पहले हमारे दिमाग में की जाती है। इच्छाशक्ति और निरंतरता मिलकर ही संकल्प का निर्माण करते हैं। किस्मत नाम की कोई चीज नहीं होती। पूरी तरह से दृढ़ संकल्प से आने वाली कड़ी मेहनत से व्यक्ति अपनी किस्मत खुद बनाता है। जब कोई व्यक्ति अपने आप को एक लक्ष्य से बांध लेता है और पूरे संकल्प के साथ पूर्ण ध्यान केंद्रित करता है, तो असंभव को प्राप्त किया जा सकता है। दृढ़ निश्चयी व्यक्ति के पास आत्म-दया के लिए कोई जगह नहीं है। ऐसे व्यक्ति के लिए लक्ष्य का अत्यधिक महत्व होता है। ऐसे व्यक्ति का केंद्रीय लक्ष्य निर्धारित लक्ष्य को प्राप्त करने का दृढ़ संकल्प होता है। चिंताओं, परेशानियों, आशंकाओं, शंकाओं का दायरा कम हो जाता है और सकारात्मक गुणों के लिए जगह बढ़ जाती है और व्यक्ति को निर्धारित लक्ष्य को प्राप्त करने की शक्ति प्रदान करती है। ताकत दिन-ब-दिन बढ़ती जाती है और इसे प्रयास और अभ्यास से ही विकसित किया जा सकता है। दृढ़ संकल्प सिर्फ एक कसरत के रूप में कार्य करता है जो आपके द्वारा प्रशिक्षित मांसपेशियों को मजबूत करता है। जितना

अधिक आप लक्ष्य के प्रति दृढ़ होते हैं, उतनी ही अधिक शक्ति आपको उसे प्राप्त करने के लिए मिलती है। उद्देश्य को प्राप्त करने के लिए दृढ़ संकल्प के लिए हृदय, शरीर और आत्मा को एक साथ होना चाहिए। यदि कोई दिल, शरीर और आत्मा अपने कर्मों में डालता है, तो उस उद्देश्य की विफलता की संभावना बहुत कम हो जाती है। संकल्प वह ईंधन है जिस पर इच्छा अपने गंतव्य तक पहुंचने के लिए सफलतापूर्वक दौड़ती है। संकल्प ही अभीप्सा है, यह पसीने के बाद ही आती है। आप पसीना बहाते हैं और वह प्राप्त करते हैं जिसकी आप आकांक्षा करते हैं

गंतव्य

गंतव्य वह लक्ष्य पोस्ट है जहां लक्ष्य को प्राप्त करने के लिए निशाना मारा जाता है। अस्थिर और अशोभनीय मन की स्थिति में गोल पोस्ट जीवन भर एक तस्वीर में नहीं होता है। व्यक्ति यह जाने बिना यात्रा शुरू करता है कि उसे कहाँ जाना है। ऐसे व्यक्ति को अपने जीवन में कोई नेविगेशन नहीं मिलता है। ऐसा व्यक्ति असमंजस में इधर-उधर भटकता रहता है और उसे पता नहीं चलता कि कहाँ पहुँचना है। इस प्रकार की मानसिकता अधिक संघर्षों के लिए प्रवृत होती है। इसमें योजना नदारद होती है। संघर्षों के साथ-साथ जीवन का दर्द कई गुना बढ़ जाता है और कई बिन बुलाए और अप्रत्याशित चीजें दर्द को जहर में बदल देती हैं। योजना की कमी के परिणामस्वरूप जीवन का खराब संचालन होता है। जीवन का उद्देश्य खो जाता है और केवल भोजन, आवास और कपड़ों की बुनियादी जरूरतों तक ही सीमित रह जाता है। जीवन एक दौड़ है और जन्म और मृत्यु आरंभ और अंत बिंदु हैं। हम सभी इस दौड़ को जन्म के समय शुरू करते हैं और अंत में भी पहुंचते हैं, जब हम मरते हैं। हम शुरू से ही कैसे दौड़ते हैं यह मायने रखता है। जब हम अच्छी शुरुआत करते हैं, सारी ऊर्जा लगा देते हैं, और बीच में ही थक जाते हैं और हार मान लेते हैं तो हम कभी भी मंजिल तक नहीं पहुंचते। मंजिल तक पहुंचने के लिए पूरे समय एक लय (लगातार प्रयास) बनाए रखना जरूरी है। अब मंजिल तक पहुंचने के लिए जीवन के लक्ष्य यानी मंजिल पर प्रहार करने के लिए इच्छा और दृढ़ संकल्प को साथ-साथ चलना चाहिए।

वो इंसान सबसे ज्यादा खुश रहता है जो अपने जीवन के फैसले स्वयं लेता है।

25

निष्कर्ष

सपने, इच्छा और गंतव्य की यात्रा के कई महत्वपूर्ण अंग हैं, मूल रूप से सबसे महत्वपूर्ण है एक निश्चित समय रेखा के साथ लक्ष्य निर्धारित करना, एक समय रेखा के बिना एक लक्ष्य के रूप में, यह सिर्फ एक इच्छा है।

लक्ष्य निर्धारण उस बिंदु या स्थान की स्पष्ट तस्वीर देता है जहां तक आप यात्रा करना चाहते हैं। यात्रा बिंदु तभी तय किया जाता है जब आप अपने सपनों और इच्छाओं को सूक्ष्मता से तौलते हैं और उसके बाद आप उस बिंदु तक पहुंचने के लिए कदम उठाने का फैसला करते हैं । ऐसी स्थिति में किसी भी व्यक्ति का निर्णय लेने की शक्ति का महत्त्व आता है, और उसके बाद लिए गए निर्णय की दृढ़ता ही आपको सफलता के ओर बढ़ने कि शक्ति देती है, जिस निश्चित पथ पर आप चलना चाहते हैं, उस पर चलने के लिए कदम उठाने का साहस दृढ़ता ही प्रदान करेगी। अपने निर्धारित लक्ष्य की ओर चलने के लिए हर दिन दोहराए जाने वाले कार्यों की आवश्यकता होगी जिस तक आप पहुंचने का इरादा कर रहे हैं, यह आसान नहीं है। इस पथ पर चलने के लिए पूरे विश्वास के साथ बहुत साहस और अनुशासन की आवश्यकता होगी जिसे आप पूरा करने जा रहे हैं (आपका सेट लक्ष्य)। इन दोहरावों के साथ एक अनुशासन निर्धारित किया जाता है जिसका पालन केवल दैनिक कार्य करने की सूची की योजना के माध्यम से किया जा सकता है (टू-डू सूची अनुशासन

निर्धारित करेगी) और इच्छाशक्ति से कार्य क्षमता को मजबूत किया जाएगा। इस रास्ते में कई बाधाएं आएंगी और साहस, अनुशासन और लगन से आप अपनी मंजिल तक पहुंचने के लिए सभी आई बाधाओं को आसानी से पार कर लेंगे।

इन सबके लिए एक बहुत मजबूत मानसिकता की आवश्यकता होगी क्योंकि एक मजबूत दिमाग एक अच्छी तरह से प्रशिक्षित दिमाग होता है। संक्षेप में, कहा जाए तो

सपने + लक्ष्य निर्धारण + निश्चित समयरेखा + निर्णय + योजना + अच्छी आदतें + दृढ़ता- (शिकायत करना, तुलना करना) = गंतव्य।

जैसा कि डेल कार्नेगी ने अपनी पुस्तक "चिंता छोड़ो सुख से जिओ" में कहा है, वस्तुतः हम जो कुछ भी करते हैं वह हमारे महसूस करने के तरीके को बदलने के लिए होता है, लेकिन हम नहीं जानते कि यह कैसे करना है।

इस प्रश्न का उत्तर टोनी रॉबिंस की पुस्तक "अंदर जाइंट को जगाएं" (AWAKEN THE GIANT WITHIN) में परिभाषित किया गया है, जिसमें वह कहते है, "यदि आप भावनाओं को बदलना चाहते हैं, तो आपको अपने कार्यों को करने के तरीके को बदलना होगा। तो शुरू हो जाए और आपने काम करने के तरीको पर गौर फरमाए और अपनी जिंदगी को बदल दे।

इसलिए यदि आप अपने भविष्य को लेकर चिंतित हैं और अपनी पिछली विफलताओं से जुड़ी एक बुरी भावना रखते हैं तो निराश न हों, बस बताए गए महत्वपूर्ण चरणों का पालन करें और जल्द ही आप एक असफल व्यक्ति होने की अपनी इस भावना को एक सफल व्यक्ति में बदल देंगे। लेकिन इसके लिए आपको अपनी क्षमताओं पर पूरा भरोसा रखना होगा और कार्रवाई करनी होगी।

मैं किसी कार्यक्रम का वीडियो देख रही थी, जिसमें स्वर्गीय डॉ अब्दुल कलाम जी एक कार्यक्रम में मुख्य अतिथि थे और एक स्कूली छात्रा ने उनसे सफलता का मंत्र पूछा। उनके द्वारा साझा किए गए मंत्र में 4 प्रमुख अंग थे,

1. एक लक्ष्य रखना।

2. ज्ञान प्राप्त करते रहने की उमंग को रखना,

3. कठोर परिश्रम करना

4. दृढ़ता रखना.

उन्होंने कहा कोई भी व्यक्ति जिसके पास ये 4 , लक्षण हैं, वह आसानी से सफलता हासिल कर सकता है और वांछित गंतव्य यानी लक्ष्य तक पहुंच सकता है।

रॉबर्ट कियोसाकी ने कहा है, "हमारे पास सबसे शक्तिशाली संपत्ति हमारा दिमाग है, अगर इसे अच्छी तरह से प्रशिक्षित किया जाता है, तो यह एक पल में बहुत अधिक धन पैदा कर सकता है।"

इसलिए, अपने मस्तिष्क को अच्छा देखने के लिए प्रशिक्षित करें, सकारात्मक कार्य करें और सकारात्मक परिणाम प्राप्त करें।

सपनो से मंजिल तक के सफर को संस्कृत के बृहदारण्यक उपनिषद् के इस श्लोक ने बड़ी ही खूबसूरती से वर्णन किया है।

"कामया एवायं पुरुष इति सा जन्माष्टमी भवति तत्क्रतुर भवतिः

यात्क्रतुर भवति तत कर्म कुरुते यत कर्म कुरुते तद अभिसम पद्यते"

अर्थात्

आप वही हैं जो आपकी गहरी इच्छा है, जैसी आपकी इच्छा है, वैसे ही आपकी संकल्प शक्ति है, जैसी आपकी संकल्पशक्ति है, वैसे ही आपका कर्म है, जैसा आपका कर्म है वैसा ही आपका भाग्य है।

"सफलता छोटे-छोटे प्रयासों का योग है-जो दिन-ब-दिन दोहराया जाता है।" -रॉबर्ट कोलियर

सपने आपके भविष्य के अंकुर हैं, इसे पोषित करें और इसे हकीकत में फलते-फूलते देखें।

मुझे पूर्ण रूप से आशा है की मैने इस सफर में आप लोगो को अपने सपनो से मंजिल तक पहुंचने के लिए जिन- जिन रास्तों और अर्चनो से गुजरना है, उन सब से अवगत करवा दिया है और आप अब बड़ी ही सरलता से अपने गंतव्य पर पहुंच जायेंगे।

सफर का आनंद लें,
    पुस्तक का आनंद लें

लक्ष्य सूची

एक समयरेखा के बिना एक लक्ष्य, सिर्फ एक इच्छा है।

अपने शीर्ष 10 लक्ष्यों की सूची बनाएं।

परियोजना "मैं"

आप अपने जीवन की सबसे महत्वपूर्ण परियोजना हैं।

अपने आप को बेहतर बनाने के लिए, आपके द्वारा की जाने वाली गतिविधियों की सूची बनाएं।

कार्य-सूची

उन सभी गतिविधियों की सूची बनाएं जिन्हें आप एक समय स्लॉट के साथ करने का इरादा रखते हैं। कार्य के महत्व और तात्कालिकता के आधार पर एक सूची बनाएं।

याद रखें कि यदि आप योजना बनाने में असफल रहते हैं तो आप असफल होने की योजना बना रहे हैं।

जीवन में उत्प्रेरक

अपनी अच्छी और बुरी आदतों की सूची बनाएं और अपनी यात्रा को तेज करने के लिए अच्छी आदतों का उपयोग करने के तरीके और बुरी आदतों से छुटकारा पाने के तरीकों की सूची बनाएं।

स्नूज़ बटन

उन सभी क्षणों को सूचीबद्ध करें जब आप विलंब करते हैं, इसे रद्द करने के लिए पुरस्कार निर्धारित करें।

"विलंबन सफलता का दुश्मन है।"

प्रगति रिपोर्ट

अगर संघर्ष नहीं है तो कोई प्रगति नहीं है। अपने कम्फर्ट जोन से बाहर निकलें। अपनी प्रगति को मापें क्योंकि जो मापा जा सकता है उसे सुधारा जा सकता है।

विजय

"हजारों मील की यात्रा एक कदम से शुरू होती है।"

अपनी 100 जीत, बड़ी या छोटी सूचीबद्ध करें। हर रोज छोटी जीत मिल कर एक दिन बड़ी बनती है।

कृतज्ञता

कृतज्ञता के दृष्टिकोण को अपनाएं। आपके जीवन में जो कुछ भी है उसके लिए धन्यवाद दे।

अपने जीवन में सभी बड़ी और छोटी चीजों के लिए धन्यवाद कहें। याद रखें कि जब कोई आपको धन्यवाद देता है तो आपको कैसा लगता है। इसे वायरल और संक्रामक बनाएं। कृतज्ञता सूची बनाएं।